北の怪談

田辺青蛙
匠平
木根緋郷

竹書房
怪談
文庫

目次

海の章

木根緋郷

道の章　田辺青蛙

※本書は体験者および関係者に実際に取材した内容をもとに書き綴られた怪談集です。体験者の記憶と主観のもとに再現されたものであり、掲載するすべてを事実と認定するものではございません。あらかじめご了承ください。

※本書に登場する人物名は、様々な事情を考慮してすべて仮名にしてあります。また、作中に登場する体験者の記憶と体験当時の世相を鑑み、極力当時の様相を再現するよう心がけています。今日の見地においては若干耳慣れない言葉・表記が記載される場合がございますが、これらは差別・侮蔑を助長する意図に基づくものではございません。

北の章

匠平

小樽の火葬場

五十代の男性、村椿さんから聞かせてもらった話。

今から二十年以上前の話だそうだ。

村椿さんの小樽の親戚が亡くなり、小樽の火葬場で火葬している最中の出来事だ。

その火葬場は現代的な綺麗でシステムチックな火葬場ではなく、昔ながらのかまどと長い煙突がある火葬場だった。煙突にはその火葬場が造られてからの歴史を感じさせるようなたくさんの蔦が巻きついている。

親戚が焼かれている最中、親族みんなで火葬場を囲むように立ち、村椿さんは煙突からゆらり上る煙をぼんやりと眺めていた。

ふとあたりを見渡してみると、参列者の中にまだ小学校に上がっていないだろう従兄弟の子供がいた。

その子も煙突から立ち上る煙を見ている……と思ったのだが、どうやらその視線は違うところを向いている。

煙突の方を見てはいるのだが煙というよりはもう少し下。煙突自体を見ているようだ。

その顔は不思議そうな、いや、どこか怯えているような表情である。

いったい何を見ているのかが気になった村椿さんはその子の視線を辿る。

大量に蔦が巻きついている煙突の一部分、なんと説明したら良いかわからないが蔦が不自然な走行を描いて、何かを避けるかのように、蔦が一切巻きついていないところがある。

なんだあれは？　村椿さんは目を凝らして更にそれを見る。

そこには髑髏《どくろ》があった。

色々な可能性を考えて否定しようとする。しかし、見間違いやシュミラクラ現象とかではなく、間違いなくそこには髑髏があるのだ。

従兄弟の子供と村椿さんだけではなく、最終的にはその場にいる全員が髑髏を見たそうだ。

それは火葬中だけではなく、火葬が終わり、お骨拾いが終わってもそこにずっとあり続けたという。

10 予想外

二十代の男性まるお君から聞いたお話。

今から数年前、まるお君が札幌市内で一人暮らしをしていた時の体験談だ。

その当時、まるお君はサラリーマンをしていて、毎日職場と家を往復する生活を送っていた。

そんなまるお君の楽しみは、家に帰ってから酒を飲みつつ怪談を聞くことだった。

そんな日々を送る中、お盆に入るか、お盆中かの出来事である。

その日は仕事から帰ってくると宅配ボックスに数日前に注文したプロジェクターライトが届いていていた。

まるお君は早速そのプロジェクターライトをリビングに設置し、お酒を飲みながら天井に照射したプラネタリウムを楽しんでいた。

自分の部屋の中が満天の星空に変わるその幻想的な風景を見ながら飲むお酒は、格別だったという。

自分の部屋が星空の中に存在しているような不思議な感覚。いつもとはまた違う心地よさの酔いに身をまかせる。

（いい感じに酔ってきたし、今日はプロジェクターライトをつけたまま寝よう）

まるお君は寝る準備をして、プロジェクターライトをつけたままベッドに横になった。

どれだけ時間が経ったのだろう。まるお君は喉の渇きを覚えて目を覚ました。

（今何時なんだろう？）

時間を確認しようと壁にかけている時計を見るために体を起こそうとしたが、体が動かない。

（あれ？　これってもしかして？）

まるお君は金縛りになっていた。体は動かないが目を動かすことはできる。

不思議と恐怖心はなかった。むしろ怪談を聞いていたらよく起こる現象の一つの金縛りを自分自身が体験しているという感動の方が大きい。

目で見える範囲を見渡してみるが、天井に映し出されたプラネタリウム以外、特に変なものが見える事もない。

(心霊的金縛りと脳の誤作動の金縛りがあるって聞いたことあるけど俺のは後者か？)

すると、玄関の方から何か音が聞こえる。

コツ、コツ、コツ。

誰かが階段を上ってくる音。

当時、まるお君が住んでいた家は二階建てアパートの二階の一室だ。

どうやら誰かが外の階段を上がってきているようだ。

足音は、一人分。だが、まるお君はなぜか階段を一人ではなくて、二人上がってきているのがわかった。しかも、その足音の主が、自分の部屋に来るのを目的としているということもわかる。そして、理由はわからないが足音が聞こえ始めた瞬間から、今までに感じたことのないような恐怖と不安感が一気に湧いてきた。

(やばい……やばいやばいやばい)

毎日のように怪談を聞いていたまるお君。怪談を聞くのは好きだし、不思議な体験をしてみたいとは思っていたが恐怖体験は違う。

（もしかして毎日のように怪談を聞いていたから、変なモノを呼んでしまったのか？）

どうにかして金縛りを解こうと体に力を入れてみたり、声を上げようとしたりするが、声も出なければ体も動かない。

コツ、コツ、コツ。

足音は階段を登り切り、自分の部屋に向かって廊下を歩きだした。

（どうしよう、動け、動け、助けて、助けてっ！）


モフッ。


すると、突然顔の上に何かが乗っかってきた。

（えっ？　犬？　てか……パグ？）

姿形は見えないが自分の顔の上にパグが乗っかってきた感じがする。というよりは間違いなくパグが乗っている。

理由はわからないが絶対に今顔の上に乗っているのはパグなのだ。顔の上でお座りをしている。

(ええー……なにこの状況……)

ジョボ、ジョボボボボボボ。

(しかも、しょんべんしてるじゃん。このパグ、人の顔の上で容赦なくしょんべんするじゃん)

生暖かい液体が顔全体を伝って後頭部に向かって流れていく。普通にしょんべんの臭いもする。

まるお君は自分の現状に混乱するわけでもなく、あまりにも意味のわからない状況に、逆に冷静になっていた。

ジョボボボ……。

パグはおしっこをし終わると顔から下りていき、それと同時に金縛りが解けた。

勢い良くベッドから起き上がり周りを見渡すが、パグの姿はどこにもない。

顔も濡れていないし、布団も汚れていない。あれだけ匂ったしょんべんの臭いもしない。

しかし、天井を見上げた時にあるものを見つけた。

天井には変わらずに、プロジェクターライトから照射されたプラネタリウムがキラキラと輝いているのだが、自分と天井の間の空間に、子供の拳位の大きさの光の玉が浮いている。

（これがオーブ？）

その光の玉は三秒ぐらいふわふわと浮いていると思ったら蝋燭の火が消えるようにフッと見えなくなった。


いつの間にか階段を上る足音も聞こえなくなっていて、怖さも何も微塵も感じなくなっていた。

「階段を上ってきていたのはガタイの良い厳つい男の人と得体の知れない何かで、本能が危険だって察知したんです。でも、姿の見えないパグに顔に座られてしょんべんかけられて金縛りが解けた時には、足音の二人はいなくなってたんですよねー」

札幌の地下鉄

俺の友達の俊平から聞いた話。

俊平の職業は電気工だ。いろいろな現場に入るのだが、俊平の勤めている会社は北海道や市町村が管理しているような現場が多いそうだ。

今から数年前に入った現場は札幌市内の地下鉄のとある駅だった。駅と駅の区間に地下鉄の車両に電気を供給するための太いケーブルがあるのだが、俊平の勤めている会社が中心となって新しいケーブルを通すことになった。

地下鉄が運行している間はできない作業のため、終電が走り終わった夜中に現場に入る。現場の管理をしている俊平は、その日現場で働いている作業員の人数や作業員がどこの区間に何人で作業をしているのか、全て把握した上で自分の仕事に取り掛かる。

毎日同じような作業の繰り返しだが、日によっては線路の上を作業員たちが一駅分歩いては一駅分戻ってを繰り返すような面倒くさい作業をすることもあるそうだ。

作業員たちの仕事が一通り終わった後が現場の管理をしている俊平にとって一番大切で、責任重大な仕事が始まる。

それが何かというと、作業員たちが作業をした場所だけではなく、歩いたところ全てを忘れ物や落とし物がないかチェックするのだ。

もし線路上にビスの一本でも落ちていれば、それが原因で事故が起きてしまうかもしれない。

そんなことが起きれば、会社の信用を失うどころか人命にも関わってしまうため、神経を研ぎすまし、すり減らせるほど集中してチェックを行う。

地下鉄の造り上、トンネルのようになっているため光が外から入ってくることはない。中を照らす照明は等間隔に点々としか存在しないため、俊平曰く想像以上に暗いらしい。

その照明とヘッドライトと懐中電灯の光を頼りに、落とし物と忘れ物のチェックをする。

だが、そんな見通しの悪い地下鉄の線路上にも、空間が開けて照明の明かりが強くなる場所がある。

そこには転轍機《てんてつき》といって線路の分かれ目につけて、これを切り替える事によって車両を他の線路に移す装置が設置してある。

俊平はその転轍機の横に作業員が立っているのを発見した。

作業員全員が撤退していると思っていた俊平はそれに驚いた。もうそろそろ始発が走り出す時間。俊平と俊平の上司二人で点検を行っていたのだが、自分たち以外の作業員がいるとは思わなかったからだ。

「何やってんの？　もうそろそろ始発が走る時間だから戻らないとだめだよ！」

「…………」

声をかけたが、作業員は背を向けたままピクリとも動かない。

上司も俊平の声かけに続く。

「何ボーッとしてんだ！　早く待機場に戻れ！」

「…………」

それでもその作業員は反応を示さない。

落とし物があっても大問題だが、始発が走り出す時間に作業員が残っているのもダイヤの乱れの原因に繋がるため大問題である。

何度声をかけても反応を示さない作業員にしびれを切らした俊平と上司は、その作業員に向かって走り出した。

「おーい！　何やってんだー！」

その作業員にあと数メートルで手が届くところまで来た時に、目の前から一瞬で作業員の姿が消えた。

「え？」

「消えた………」

上司と二人、その場に立ち尽くす。

俊平が上司になんでも良いから言葉を発して欲しくて声をかけようとすると、

「俺たちの仕事には、こういう不思議なことも起こるんだ」

そう言われ肩を軽く叩かれた。

「点検終わったから帰るぞ」

上司が何事もなかったかのように歩き出す。

俊平は恐怖心からその場に置いていかれたくないという思いのみで、上司の背中を追いかける。

おいっ……。

誰もいるはずのない背後から低い男性の声が聞こえた。その声は自分に向けられたものだと思ったが、俊平は振り返ることなく現場を後にした。

札幌市北区の小学校

このお話は、地下鉄の話の俊平から聞かせてもらったものである。このお話はあなた自身が俊平から取材をしている体《てい》で読んでいただきたい。

俺の仕事ってさぁ、電気工じゃん？

電気工ってどんな現場でも最後の最後まで残って作業するんだよ。現場のケツを持つのが電気工なんだよね。

その時に行った小学校はさ、身障者支援センターみたいなのが併設っていうか、学校の中に入ってるの。

そこの女子トイレの中の照明を、コロナが大流行している時だったから、人感センサーにするっていう作業をするのが、その時の仕事内容だったの。でも、コロナの関係なのか人手が全然足りなくてさぁ、俺一人で身障者支援センター内のトイレをやらないとダメだったんだよ。

職員とか学校の先生たちは帰っちゃってて、唯一教頭先生だけが責任者として職員室に待機してるんだわ。

だからさ、実質現場に一人ぼっちなの。

部下たちはね、俺がいる身障者支援センターから離れた一般の生徒たちが使うトイレの改修工事をしてるからね。

仕事とはいえさ、学校に一人だよ？　考えてみてよ。めちゃくちゃ寂しいし、怖いじゃん。だけど仕事は仕事だ。そんなこと言っていられないからやるしかない。

工具とか仕事で使う道具を持って、トイレに向かって廊下を歩いてたんだよ。

そしたらさ、廊下の遠くの方から、

からんっ、からんからんからん……。

って、何か乾いたものが落ちるような音が聞こえるのよ。

何の音だろうなぁって思って、音が聞こえる方に歩いて行ったら廊下の途中に広くなってる場所があって、卓球台とかが置いてある場所なのね。そこからピンポン玉が十数個こっちに転がってくるんだよ。

誰もいないし誰も触ってないものが転がってくるんだもん。すごい怖いじゃん。だけどさ、仕事上学校の備品とか絶対触ったらだめなの。壊れたとか、なくなったとかなったらトラブルなっちゃうでしょ？

俺の担当している場所で起きた出来事だもん。俺が触って落としたとか思われても嫌だから、むっちゃ怖いけど必死になって全部を拾い集めて、多分ここにピンポン玉入ってたんだろうなっていう箱を見つけたから、その箱にピンポン玉を入れてから、トイレに行って前日の作業の続きを始めたんだよ。

この女子トイレの扉の作りがさ、ドアクローザーの関係で勝手に扉が閉まるようになってて、個室に閉じ込められたみたいになるの。それもまた怖いんだよ。でもね、さっきも言ったけど、人手不足の中作業しているってことはさ、とんでもなく忙しいのよ。納期とかもあるから必死になって目の前の仕事をやっていると、ピンポン玉の出来事とか、扉が閉まって怖いとか、そんなん全部忘れるの。

そしたら急に、ほんとね。耳元よ。息かかる位の距離でさ。

ねぇねぇねぇねぇねぇねぇねぇねぇ……。


って、小学校低学年位の女の子の声がずっと聞こえるの。

いやいやいやいや、ちょっと待って、ちょっと待って、ちょっと待って。それはないでしょーってなったんだけど、仕事中でこっちはめちゃくちゃ忙しいじゃん。しかも終わらないとこっちは家に帰れないわけよ。だからさぁ、腹立ってきちゃって「いや、うるせぇなぁ」とか「仕事中なの見てわかんだろ」とか言いながら作業してたの。

その間も、女の子の声はずっと聞こえているんだけどね。

そんな中でも、その日の作業ノルマは達成したから社用携帯で小学校内各地に散らばっている部下に連絡して、みんなも作業ノルマ達成していたみたいだったから、今日は帰ろうかってなったんだよ。

みんなで作業道具を車に積み込んで忘れ物ないかチェックして、問題なかったから再度車に戻ったの。

俺の運転で車が走り出したんだけど、校門から出るために車を方向転換させせてる時にさ、俺が改修工事した女子トイレの窓が見えたんだけど、照明がパッとついたの。

教頭先生も一緒に学校から出てるから校内に誰もいないんだよ？

俺が設置した人感センサーって「熱線センサー」っていって、人の体温を感知して作動する仕組みなの。

だから虫とかそんなんじゃ反応しないのよ。

それが俺めちゃくちゃ怖くて、一緒に車に乗ってる部下たちに作業中にあったこと一通り話したのさ。

そしたら、部下たちもさ「俺も子供の声聞こえました」とか「子供が走るような足音が廊下から聞こえた」とか「見間違いかもしれないけど、教室の中に女の子いるの見たんですよ」とか、いろいろな話が出てきてさ……。

もう全員ですごい怖くなっちゃって、その日を最後にその現場は夜から夜中にかけての作業じゃなくて、夕方から夜二十一時位まで作業して撤退するようになったんだよ。

なぁ、俺は幽霊とか詳しくないからわからないんだけど、熱線センサーが反応したってことは幽霊にも体温ってあるのか？

札幌北区の小学校2

現役で小学校の教頭をしている五十代の男性、佐々木さん（仮名）から聞かせてもらったお話。

今から数年前、佐々木さんがまだ教頭になる前のお話だそうだ。

その当時、佐々木さんが働いていた小学校は札幌市北区にあり、同じ敷地内に小学校と中学校と小中学校特別支援学級のある学校だった。

佐々木さんはその中でも特別支援学級の先生をしていた。

北海道内の小学校の先生たちというのは、どうやら些細な出来事や噂でも頻繁に情報交換をするらしく、佐々木さんはこの小学校に赴任する前から「〇〇小学校には小さな女の子の霊が出る」という噂を聞いたことがあった。

怪談好きの人ならば想像がつくかもしれないが、かなりの高確率でどの学校にもそんな噂話があるし、噂話があったとしても、その噂話の事象を実際に体験する人は珍しいという。その当時の佐々木さんも、噂話を聞く事はあっても体験をした事はなかった。

○○小学校に赴任して数ヶ月経った時に、校内の給食を作っている栄養士さんから幽霊を見たという話を聞いた。

小学校と中学校の間には「ランチルーム」と呼ばれている部屋があり、作った給食をまとめてワゴンに載せ、各教室に運ぶ準備をする場所であった。

そのランチルーム内の壁の一部に大きな鏡がある。その鏡に小学校低学年位の女の子が映っているのが見えたそうだ。ランチルーム内には、基本的に生徒が入れないようになっているため「ここは入ってきたらダメだよ？」と声をかけながら振り返ると、鏡に映っていた女の子がどこにもいない。

あれ？　と思いながら鏡を見てみると鏡には変わらず女の子が映っている。

鏡に対して正面を向いてニコニコと笑っているのだ。不思議と怖くはないという。

この鏡越しでしか見えない女の子を、栄養士さんたちは頻繁に目撃しているとのことだった。

しかも、鏡越しに姿が見えるだけではなくランチルームから出ようとした時に、腰のあたりをクイッと引っ張られ、振り返ると誰もいないという現象も何人もが体験していた。

佐々木さんはもともと怪談好きということもあり、そういう不思議な現象に興味があるため「そんなこともあるんだなぁ」と思いながら聞いていたそうだ。

佐々木さんが勤めている特別支援学級は研究校（文部科学省、教育委員会、教育研究所などから委嘱を受けて、教育課程の改善や当面する教育問題の解決を目ざして、研究・開発する学校）のため勤務時間が長く、二十時や二十一時から当たり前のように会議が行われたり、帰宅時間が二十三時や零時を過ぎたりするのが普通だった。

この二十時以降に行われる会議の際には、百発百中で不思議なことが起こる。

校内に生徒はもう残っていないにもかかわらず、廊下をパタパタパタパタ何人もが走るような音が聞こえたり、キャハハハハハと笑い声が聞こえてきたりすることもあった。だが、音や声だけで姿を見た教員は誰もいなかった。

異常な状況かもしれないが、こんなことが頻発するので、その「異常」がこの学校の「正常」なのだと慣れてしまったそうだ。

そんなある日のことだ。

ある程度大きな建物になると、「地下ピット」と呼ばれる排水管などを修理・交換するための作業スペース空間が地下に存在する。

一般的に地下ピットにはその専門職の作業員しか入らないが、学校となると先生たちが出入りすることがあるらしい。なぜなら、学芸発表会や運動会で作った小道具や大道具を、普段使わない地下ピットなどに保管することがあるからだ。

地下ピットに潜るための扉には鍵がかかっていて、生徒が中に入らないようにしているのだが、何往復かする予定がある時などはいちいち鍵をかけないこともあるそうだ。

その時も、誰か先生が地下ピットに小道具や大道具を運び入れていたのだろう。地下ピットに潜るための扉が開いていて、その扉の前にしゃがみ込んでいるシオリという名の女子生徒を佐々木さんは発見した。

(中に入っていかないか見守っておくか)

佐々木さんは、その生徒の二、三メートル後ろに立って生徒の様子を伺っていると、その生徒が扉の向こう側に話しかけ始めた。

「ねぇ、なんでそんなところにいるの？　そんな暗いところ出てきて、私と一緒に遊ぼうよ。ねぇ、そんなとこ居ても楽しくないでしょ？　え？　そんなこと言わないでよ。いいから出てきて遊ぼうって」

佐々木さんは中に生徒が既に入り込んでいるのかなと思い、女子生徒越しに扉の向こうを見てみるが、そこには誰もいない。

（うわー……これ絶対幽霊いるじゃん。てか、めちゃくちゃ会話してるじゃん……）

声をかけるのも怖くて、いつかこの会話が終わるかなと見守っていたが、女子生徒は暗闇に向かって話しかけ続ける。

（全然終わらない……。怖いけどシオリに声かけるしかないなぁ）

いつまでも終わらない異常な光景にしびれを切らした佐々木さんは、女子生徒に声をかけた。

「ねぇシオリ、そこに誰かいるの？」

「うん、いるのさぁ。そこにしゃがんでいるのさぁ。一人はかわいそうだから遊ぼうって誘ってるのに出てこないのさぁ」

女子生徒は困った表情で、どうやったら出てきてくれるかなぁ？　と、佐々木さんに問いかける。

「うーん、シオリの優しい気持ちもわかるけど、この扉はもう閉めちゃうよ」

「え、どうして？　だって中に女の子がいるんだよ？」

「いや、あの、なんだろ、あのねぇ、うん。先生にはシオリに見えている子が見えないいんだよー」

佐々木さん自身は、この場から逃げ出したいくらい怖かった。それでも女子生徒が怖がったりショックを受けたりしないように、冷静を装ってなるべく優しく真実をそのまま伝える。

「そっかー。先生には見えないのかー。でも出てきたくないっていう子を、無理にあそこから出すのも良くないもんね。うん、わかった。先生、扉閉めていいよ。バイバイ」

キィーー、バタン。

32

根室《ねむろ》の話

二十代後半の女性、瞳さんから聞かせていただいたお話。

このお話はあなたが瞳さんから取材している体で読んでいただきたい。


私の地元って道東の根室なんですよ。

確かこれって私が中学生かな？　位の時の話なんですけど。

私、お姉ちゃんがいて十歳年上なんですよ。だから車の免許とかも持っていて、その日は学校が早く終わる日で、帰る時お姉ちゃんに車で迎えに来てもらって、そのまま二人でドライブすることになったんです。

十三時とかそのくらいだったと思うんですよね。

ドライブの最中、小学校の時からの友達なんだけど、引っ越して隣の中学校に行っちゃった友達がいて、その子「真知子」っていうんだけど、真知子が男の子と歩いているのを見つけたの。しかもね、男の子一人じゃないの。

真知子を挟むように、男の子が二人いてさ。一人はちょっと髪の毛長くて、ワックスでちゃんと髪の毛整えているジュノンボーイイケメンみたいな感じなんだ。

もう一人はね、坊主頭でメガネをかけてて、体つきがガチっとしてて野球のユニフォームを着ている「ＴＨＥ野球部です」みたいな感じの男の子。

当時の私は中学生だからこちとら思春期真っ只中ですよ！

え？　どういうこと？　ってなったんです。

なんでかっていうと、学校が別々になっても真知子とは仲良くて、連絡はこまめにとってたんだ。

最後に真知子と連絡をとった時に彼氏が出来たって言っていたけど、男を二人連れて歩いてるんですもん。どっちが彼氏なんだろう？　ってなりますし、頭の中で勝手に三角関係の妄想相関図が出来上がって思考回路がショート寸前ですよ！

私はそんな状況になりながら真知子が男の子二人と歩いてるところを見ていたんです。

お姉ちゃんも真知子のことを知っているから「真知子ちゃんモテるねー」とか言って笑ってんの。

その次の日だったと思うんだよね。

学校終わって真知子のことを知っている友達と遊んでいる時に「そういえばこの前、真知子が男の子二人と歩いてたんだけど、どっちが彼氏だったんだろう？」って私が言ったの。

そしたら、その友達も悪い奴なんですよ。

「なになに？　真知子どんな男の子と歩いてたの？」って悪い顔で聞いてくるから、一人はジュノンボーイみたいな男で、もう一人はＴＨＥ野球部って感じだったって教えたんです。

そしたらさぁ、その友達「それは直接真知子に聞いたほうがいいね」って言って、真知子に電話かけ始めたの。

私、なんかすごいテンション上がっちゃって、気分はちょっとした探偵ですよ！

「ちょっと真知子、風の噂で聞いたよ。男二人連れて歩いてたらしいじゃん。あんた堂々と二股かけてんのかい？」

いや、あれだよ？　全然圧迫感があるとか、変な感じじゃなくて笑いながらふざけてって感じ。

スピーカーにしてたから真知子の話してることも全部聞こえてたんだけど「なにその感じ。Ｂ級映画のテンションじゃん」とか言って笑っているんです。

そのあとも芝居がかった感じで色々しゃべっていたんですけど、真実はどうなんだーって友達が聞き直したの。

そしたら真知子がね「男の子二人と？　私と誰かを見間違えてるんじゃない？　私、彼氏と二人でなら歩いてたよ？」って言うの。

だから、私も「昨日の十四時ぐらいに〇〇の前歩いてたよね？」って聞いたら「ええー、たぶんその時間くらいは〇〇の前を歩いてた。っていう事は私と誰かとの見間違いじゃないかもしれないけど、彼氏と二人だったよ。後ろ誰かついてきたりとかしたのかなあ？」って不思議そうに言うのさ。

嘘ついてるような感じとかもないんだよね。

でもね、私と真知子がその話をしてる時にさ、私と一緒にいる友達の顔色が変わったの。

それで電話切った後にね、私に言ったんです。

「瞳がさぁ、真知子のこと見たっていう〇〇の近くって、この前、お父さんが息子二人包丁で刺して殺しちゃった後に母親も殺して自分も自殺した家がある通りじゃない？」って。

根室って小さい街だからそんなこと滅多に起きないし、身近で起きた悲しい事件だから記憶に強く残っていたんだけどね。

それ聞いて一気に思い出したの。

まさに私が真知子と彼氏ともう一人の男の子を見たのって、その事件があった家のすぐ近くなんです。あと、お父さんに殺されちゃった男の子の一人って真知子の幼なじみなの。しかもさぁ、その子、中学校では野球部だったんだよね。

私、このこと真知子に言うか言わないかすごい迷ったんだけど、言わないのも違うかって思って真知子に伝えたんですよ。

そしたら、真知子が「実は最近体調も悪いし、身の周りで気味の悪いことがたくさん起こるし、周りの友達も何か感じ取っているのか『大丈夫？』て謎の心配をされるんだよね」って話をしてくれたんだよね。

最終的には彼氏と二人で近所のお寺に行って、お経をあげてもらったりとか、お祓いなのかなぁ？　そんなの受けたら、その日を境にどんどんどんどん調子も良くなってきて、身の周りで気味の悪いことも起こらなくなったんだって。

自分の周りでもこんな不思議なことが起こるんだって思ってびっくりしちゃったよ。

当時は震えるほど怖かったですけどね。

苗穂《なえぼ》の東橋《あずまばし》

俺の兄貴（次男）の体験談だ。

次男の友達の光君が引っ越すことになり、その引っ越しの手伝いを次男がすることになった。

もともと不動産屋に勤めていた次男は札幌市の北二十四条《きたにじゅうよじょう》で不動産屋を経営している社長の知り合いがおり、その社長と光くんを繋げ、その日のうちに光くんの引っ越し先を決めた。

無事に引っ越し先を決めた光君と次男は、現在の住居がある江別《えべつ》にそれぞれの車で帰ることにした。

次男が先に走り出し、その後ろを光君がついていく。

苗穂にある東橋を走っている最中だ。

次男はスマホとカーナビをBluetoothで繋いでいるのだが、後を運転する光君から着信があった（光君もスマホとカーナビをBluetoothでつないでいるため、Siriを使って発信したようだ）。

「どうした？」

「いや、あのさぁ、いつお前、女の人乗せた？」

「え？　なんの話？」

次男は車内に一人。女性どころか人なんて乗せていない。

「だって、目の前を走ってるのって西村だよね？」

バックミラーで後続車を確認すると、光君が後ろをついてきているのが確認できる。

「うん。そうだけど」

「あのさ、マジでお前気を付けて運転してな。事故るなよ。西村の車の後部座席に髪の長い女の人が乗ってる」

そんなわけはない。次男は念のためバックミラーで後部座席を確認するが、次男には女の姿は確認できない。

「ちなみにさ、その女ってどんな感じで乗ってるの？」

次男は恐る恐る聞いてみた。

「左肘をシートにかけて、かなりくつろいだ感じで深くシートに座ってる」

（えぇー……すごい気持ち悪いけどくつろいでるのー）

ちょうど目の前の信号が赤だったため、車を停車したタイミングで次男は勇気を振り絞って後ろを振り返った。しかし、次男の視界には誰も乗っていない後部座席が見えるだけ。

だが、その間も光君には後部座席でくつろぐ髪の長い女が見えているようで「ほらいるだろ？　今もいるって。見えたよな？」と言ってくる。

「いやいや、誰も乗ってないって」

「そっか、俺にしか見えてないんだ」

信号が青に変わり東橋を渡り切ってすぐに左折する。

「だから最初からそんなのいないって。やめてくれよ」

「あっ、今いなくなった」

橋を渡り切ったところで女の姿が消えたそうだ。

東橋は豊平川《とよひらがわ》にかかる橋なのだが、東橋周辺から中島公園周辺にかけて豊平川の上流で自殺した人の死体を回収することが多いという。もしかすると、そんな自殺した女性の霊が次男の車に乗ってきたのかもしれない。

だけど、俺は思ったのだ。

後部座席にくつろいで座る女性の霊って悲愴感というよりは優雅な感じがするから、自殺した霊ではなくてただ単純に、歩き疲れた霊が楽して移動したかったから勝手にタクシー代わりに乗り込んできただけなのではと。

怖く考えようと思えばいくらでも怖く考えることができるのだが、考え方を変えれば途端にこの話の霊は可愛く感じる。

心霊という一般的には見ることの出来ない世界が想像力と解釈の違いによって怖くも気持ち悪くも可愛くも面白くもなるという怪談らしい体験談だなと、話を聞かせてくれた次男を見ながら思った。

音更《おとふけ》の宿

俺の店の常連客の五十代女性、千夏さんから聞かせてもらったお話。

千夏さんが小学校三年生の時の体験だ。

おじいちゃんかおばあちゃんか記憶は定かではないが、古希《こき》のお祝いで大晦日に家族や親戚と温泉に泊まることになった。

音更町の十勝川温泉区域にある旅館で、現在は営業していない。もともとはどこかの会社の保養所だったそうだが、当時から建物は古めいていた。

宿泊当日。

旅館に着いて一息つくと、大きな宴会場でみんなでご飯を食べ、お酒を飲み、千夏さんのお父さんや親戚のおじさんたちはジャラジャラと音を立てて麻雀をしたりと、古希のお祝いはどうなったの？　という位のどんちゃん騒ぎをしたそうだ。

当時子供だった千夏さんからすれば、お酒が飲めるわけでも麻雀ができるわけでもないため、大人ほど楽しめない。

飽きちゃったし、宴会場から離れたいなーと思っていた時だ。

「私たちは部屋でテレビでも観てよっか？」

母親の一言で、千夏さんと当時小学校一年生の千夏さんの妹、親戚のおばさん、おばさんの幼稚園の娘と部屋に戻ることになった。

部屋に戻ってからはみんなでおしゃべりをしたり、テレビを観たりして千夏さんなりにその場を楽しんでいた。

気がつけば、時間は二十時過ぎ。

部屋にはすでに布団が敷いてあり、いつでも眠れる準備はできていたのだが、せっかく旅行に来ているわけだから今寝るのはもったいない。

何か旅行先だからこそできる面白い事はないかなぁと考えている時に、ある事を千夏さんは思いついた。

もっと時間が遅くなって、大浴場に誰もいなくなるような時間に大浴場に行き、プールのように泳いだりしたら楽しいのでは？　と。

「ねぇねぇお母さん、もっともっと夜になったら大浴場に行って泳いできてもいい？」

「うーん、そうだねぇ。誰か一人でもお風呂に入ってる人がいたらだめだけど、もし誰もいなかったら、今日は特別にいいよ」

母親は娘たちが退屈しているのはわかっていたのだろう。条件付きではあったが夜中に大浴場に行って、泳ぐことを許してくれた。

千夏さんは眠たい目を擦りながら、どうにか寝ないように時間を潰す。

そして、テレビが新年を迎えるカウントダウンを終えて深夜零時を過ぎた時に、千夏さんは妹と二人部屋を出て大浴場に向かった。

赤いカーペットが敷いてある廊下を妹と二人、手を繋ぎ歩く。

女湯の脱衣所に向かう途中、男湯の脱衣所の前を通る。男湯の脱衣所の入り口は電気がついていない。どうやら男性の利用者は誰もいないようだ。

（て、ことは女湯も誰もいないかも！　やった！　泳げる！）

女湯の脱衣所の前に着くと、脱衣所の電気がついている。

（あ、もしかして泳げないかな？）

しかし、中に入ってみると利用者は誰もいなかった。

「やったー！　誰もいないから泳げるね！」

「うん！　遊べるね！」

妹と二人、脱衣所で服を脱ぎ大浴場に入っていく。

すぐにでも泳ぎたい気持ちを抑え、千夏さんと妹は髪の毛と体を洗った。

壁を隔てた男湯の方からは一切音もしなければ、人の気配もない。どれだけ声を出して騒いでも良い状況だった。

「よし、準備完了！」

千夏さんは妹と大浴場で思う存分泳いで遊ぶ。

大浴場は扇形をしていて、半円の壁の上の方に等間隔で窓が付いている。そこまで大きな窓ではなく外の様子がはっきり見えるわけではないが、木に雪が積もっているのがなんとなく見える。

妹と満足行くまで遊んだ千夏さんは「そろそろ上がろうか」と妹に声をかけ、二人仲良く脱衣所に戻った。

体をバスタオルで拭いている最中だ。

脱衣所も半円を描いていて、壁の上の方に等間隔に窓が付いているのだが、何故か窓の方が気になりだした。

なんでだろう……。体を拭く手を止め、気になる方を見ていると。


カラン……カラン……カラン……。


舞妓《まいこ》さんが履く「ぽっくり」のような音が聞こえる。

その音は、外から聞こえてくるものなのか、それとも脱衣所内から聞こえてくるものなのかがわからない。

でも、半円を描いている壁の方から聞こえる。

その音は決して心地の良いものではなく、恐怖心を駆り立てるものだった。

カラン……カラン……カラン……。

半円をなぞるように音が移動している。更に音に意識を集中させる。

ガンッガンッガンッガンッガンッ。

突然の大きな音に千夏さんは驚いた。

その音は半円の壁と反対側、洗面台の方から聞こえた。とっさに振り返ると、妹がブラシをゴミ箱に何度も叩きつけていた。どうやら髪を解いたブラシに絡みついた髪の毛を取ろうとしているみたいだ。

その間もカラン……コロン……と謎の音は鳴り続けている。

仮に外から聞こえる音だとしてもありえない。

日を跨いで一月一日。北海道の冬なのだ。

その日は特に大雪の日で、アスファルトの上をぽっくりで歩けばカランコロンと音は鳴るかもしれないが、雪が降り積もってアスファルトなんて何十センチも下に隠れている。どんな靴を履こうが、降り積もった雪の上を歩いて、靴底と硬い地面が当たるような音など鳴らないのだ。

（もしかしたら私たちが風呂から上がった後に男湯に誰かが入って、桶とかを使っているのかもしれない）

女湯の脱衣所と男湯の脱衣所の間に壁はあるが天井まで壁があるわけではなく、上で脱衣所がつながっている。その壁には女湯側の脱衣所からのみ開けることが出来る扉が付いていて、千夏さんは勇気を振り絞ってその扉を開けた。

（お願いっ！　誰か居て……！）

しかし、扉の向こう側は人の気配など一切しない脱衣所。そのまま男湯の脱衣所に入っていき、大浴場の扉を開け全体を見渡すと、電気は半分切れかかっていて誰も利用していないのが一目でわかった。

自分たち以外大浴場にいないのを理解した瞬間、周辺の空気が変わった。

空間がギューっと圧縮されたかのような、息苦しい空気。

すぐに女性用の脱衣所に戻り、妹に声をかけた。

「あのさ、何か変な音聞こえない？」

カラン……コロン……カラン……コロン……。

「変な音ってどんな音？」

カラン……コロン……カラン……コロン……。

「歩くような音。カランコロンて」

カラン……コロン……カラン……コロン……。

「……何も聞こえないよ?」

ずっと鳴っているこの音が妹には聞こえていない。という事は幽霊? 千夏さんの気持ちがどんどん焦る。

チリン……。

(ん? 鈴の音?)

チリン……チリン……。

その音は換気のためなのかは分からないが、天井に限りなく近い上の方に一枚だけ小窓があり、そこから聞こえてくる。

「お姉ちゃん。鈴の音聞こえる……」

この音は妹にも聞こえているようだった。

「うん、聞こえるね……」

チリン……チリン……チリンチリンチリンチリンチリン……!!

最初は一つの鈴の音が、まるで二個、四個、八個、十六個、三十二個、六十四個と数が倍々に増えていくように鳴り始めた。

「お姉ちゃんっ！」

妹が千夏さんに駆け寄ってきた。

脱衣所の空気がさらに圧縮されたように硬く重くなる。まるで世界から隔離されたような寂しさが心をざわつかせ、恐怖を加速させる。

「あのさぁ、お姉ちゃん、ちょっとここ気持ち悪いから、まだ髪は少し濡れてるけど部屋に戻ろうか」

千夏さん自身もとても怖かったが、自分が怯えている様子を見せれば妹はさらに怖がる。

本当は走り出したい気持ちをグッと抑えて妹の手を繋ぎ、早歩きで脱衣所を後にする。

後ろなんて振り返る余裕はない。

ただただ妹と二人、母親たちが待っている部屋に向かって歩き続ける。

大浴場に向かう際にはなんとも思わなかった廊下に敷いてある赤いカーペットが、今は禍々しく見える。

あとどれだけ歩けば部屋にたどり着くのだろうか？　一歩一歩、一秒一秒が途方もなく長い。

母親たちが待っている部屋の扉が見えた時、ついに二人は走り出した。

その勢いのまま扉を開け、部屋に転がり込む。

「お母さん今ね！」千夏さんは脱衣所で起きた出来事を、恐怖を体から追い出すかのように感情のままに母親たちに話した。

すると母親が「そんなことあるわけないじゃない。いいから寝なさい」と笑いながら落ち着かせてくれて、その笑顔と声のトーンに安心した千夏さんは妹と二人で同じ布団に入り眠りについた。

次の日になっても、昨日の出来事が事あるごとに頭の中をぐるぐるぐるぐる巡るが、子供の頭というのは都合がよく出来ているもので、大人たちに遊んでもらっているうちに、すっかりと忘れてしまった。

その出来事から数年経ち、千夏さんが中学校三年生になった時だ。

家で母親とおしゃべりをしている時に、ふと当時の出来事を思い出した。

「そういえば、私が小学校三年生の時に大晦日に音更に泊まりに行ったことがあったでしょ。あの時私、大浴場ですごく怖い思いして、部屋に駆け込んでお母さんにいろいろ話した時になんでもないって言ってくれたけど、今考えたらなんでもないわけないんだよね。あれって何だったんだろう？」

すると、母親の表情に少しだけ緊張感が走った。

「あー、実はあの時千夏から話を聞いている最中に、私もおばさんもすごい部屋の空気が気持ち悪くなっていくの感じていたんだよね。でも、千夏たちを不安にさせたらいけないと思って、なるべく明るくして気にするんじゃないっていう話をしたんだけど、本当はあの時お母さんもすごい気持ち悪かったよ」

数年越しの事実に、千夏さんは当時を思い出して改めて恐怖した。

それから更に数年後の出来事である。

千夏さんが成人してすぐに、帯広出身の友達と遊んでいる時に怖い話で盛り上がった。

その時に音更で体験した話をすると、楽しそうにしていた友達の表情が徐々に曇っていき、千夏さんが話し終わると同時に深刻な顔で話し出した。

「ねぇ、そこの温泉旅館って地元の新聞に載ったことあるんだよ」

「え？　なんで？」

「その温泉旅館、人が死んでるんだよ」

誰だとか名前とかはわからない。だが、千夏さんたちが泊まりに行った数年前に、大浴場のすぐ横は山なのだがその山の中で、母親とその子供の二人が心中で首をくくったのか、殺されたのかは定かではないが、首つり死体で見つかっていたのだ。

それが大浴場のすぐ近くだと友達が話す。

「もしかしたら、そのせいで千夏はそんな体験したんじゃないの？」

千夏さんの体験と関連性があるかはわからない。しかし、実際に大浴場のすぐ近くで人が死んでいるのは間違いないそうだ。

それから更に時が流れて、今から数年前のことだ。

怪談やオカルトが好きな千夏さんはその時、家で「事故物件住みます芸人」の松原タニシさんが、後輩芸人の華井二等兵さんと台湾の廃火葬場に行った際の配信を見ていた。

その配信のクライマックスで、華井二等兵さんの携帯の挙動がおかしくなる。タニシさんと二人で「何なんだこれは」と話している最中に、撮影しているカメラのマイクのすぐ近くで、

ちりーん、ちりーん

と、鈴の音が鳴る。

その音は現場でも聞こえているようで、タニシさんと華井さんの二人はその廃火葬場から逃げ出すが、その鈴の音がしばらくついてくるという映像だった。

この映像を観た千夏さんは全身に鳥肌が立ち、震えが止まらなくなった。

何故なら、その鈴の音は千夏さんが子供の頃に聞いたあの鈴の音と全く同じだったからだ。

岩見沢の焼き鳥屋

三十代前半の女性、岩田さんから聞かせていただいたお話。

今から数年前。旦那の職場である、焼き鳥屋の営業の準備のお手伝いをしていた。

肉を串に打つような職人的な手伝いではなく、開店前に店内の掃除をしたりするのが主な内容だった。

窓やテーブルやカウンターを拭いたり、トイレの掃除も岩田さんの担当だ。

このなんてことのない作業の最中に、いつも視界の端で黒いナニかが動くのを感じていた。

「見た」と言えるほどハッキリと視界の中に捉えたことがないのだ。それは音で表すなら「シュッパッ」くらいのスピードで視界の端を移動する。その瞬間に黒いナニかが動いた方を振り返ってみても、自分の旦那と店長がテーブル席やカウンター席に座ってデスクワークなどをしていて、黒いナニかに該当しそうなものはない。

二人も気付いているのかいないのかわからないが、岩田さんに対して黒いナニかについて言及することはなかった。

実際岩田さん自身も、あまりにもしょっちゅう起こる現象のため、逆に黒いナニかを気にすることはなかったのだが、自分以外の二人にアレが見えているのかは徐々に気になってきていた。

そんなある日、旦那が厨房で肉を串に刺している最中に、テーブル席でデスクワークをしている店長に何気なく聞いてみた。

「ここって仕事中に視界の端で黒いのが移動するの見えたりするんですけど、店長も見たことありますか？」

「あー、ここね、男の子の霊がいるんだよー」

店長は怖い雰囲気など出さず、キョトンとした緊張感のない顔で当たり前のように話す。

「男の子の幽霊がいるんですか？」

「小さい男の子の幽霊がいてね、前に働いていたうちの従業員も小上がりで寝ていたら体揺らされてさ、目を開けたら知らない男の子が顔を覗き込んでて目の前で消えた、とか言ってたなー」

岩田さんは、黒いナニかの正体が男の子だとわかった瞬間に、急に怖くなってしまった。

自分の勘違いだったり思い込みで見えているものなのではないかと、心のどこかでは思っていた黒いナニかは、勘違いでも思い込みでもなかった。

(聞かなければよかったかも……)


その日の夜である。

日中の店長から聞かされた男の子の幽霊の話が頭から離れず、旦那が隣ですやすや眠る中、岩田さんは怖くて怖くて眠れなかった。

(どうしよう。本当に聞かなければよかった。全然眠れないし怖いし、旦那のことを起こしちゃおうかな……うん、起こそう)

旦那さんに声をかけようとした瞬間だ。

「……男の子のことでしょ」

旦那が起きているかのようにハッキリと言った。

意表を突かれた岩田さんの心臓は縮み上がった。

「ねぇねぇねぇねぇねぇ！」

旦那を叩き起こし、一体今のはどういうことなのか聞いてみる。だが、どれだけ聞いても旦那にはそんなことを言った記憶が一切なかったという。

ちなみに岩田さんが住んでいた物件は旦那の職場の焼き鳥屋の真裏にある新築のアパートだったのだが、焼き鳥屋やアパートが建つ前はもともとそこには病院が建っていたのだそうだ。

峠の尼寺

いつも通り店の営業をしていると、友達のほたるが数人連れて遊びに来てくれた。

「匠平に禅《ぜん》さんを会わせたくてさー、たくさん匠平の仕事の役に立ちそうな話を持ってるよ」

紹介された禅さんは五十代半ばくらいの男性で、ガッシリとした体格の活力みなぎるナイスミドルだ。

「はじめまして。匠平です。気まぐれに話したくなったらで結構なので、ゆっくり呑んでいってくださいね」

俺は禅さんの前にコースターを出した。

「ありがとうっ。でも、俺たくさん変な体験してるし、なんぼでも話せるど？　どんな話する？」

全体の雰囲気から想像する数倍は気さくな笑顔で、禅さんは取材の入り口を作ってくださった。

「えー！　早速でありがとうございます。ホントどんな話でも良いんですよ。怖い必要もなくて、俺は禅さんが今思い出した不思議な話を聞きたいんです」

「そうか……。なら、高校の時の話なんだけどよ」

こうして禅さんは話し始めた。


禅さんが高校生の時に住んでいた地域には尼寺があった。

その尼寺は山頂に建っていて、入り口はとても大きな門だったそうだ。その門は常に開いており、車やバイクが山を越える際に当たり前に通る道になっている。だが尼寺周辺は地元では幽霊が出ると有名な心霊スポットで、よっぽど何か理由がない限り夜に通る人はいない。基本は山のふもとの国道を使うのだ。

好き好んで夜に山の中に入っていくのは暴走族くらいで、人が寄りつかない場所だからか暴走族が集会を開いたり、肝試しをしたりするような場所だった。

禅さんも暴走族っていうほどでもなかったがヤンチャではあったらしく、友達と夜の尼寺に何度か行ったことがある。しかし怖い体験をしたことはなかったという。

そんなある日の事。小学校からの友達のハヤシがバイクに乗って禅さんの家に遊びに来ることになった。

禅さんは中学の頃に引っ越しているため、ハヤシと会うのは久しぶりだった。

「お前わざわざ二、三十キロバイク転がして俺に会いに来てくれるの？」

「いや、実は禅と遊ぶのが本来の目的じゃなくて禅の家の近くに親戚住んでてさ、そこに用があるんだわ。でもせっかくなら禅に会いたいし遊びたいからよ」

理由はどうあれ、禅さんは久しぶりの再会を楽しみにしていた。

当日の夕方、家でハヤシの到着を待っていると。

ブゥウーーンン。

バイクのエンジン音が聞こえてくる。

（あ、たぶんアイツ来たな）

禅さんは財布をポケットにねじ込み家を出る。

ドッ、ドッ、ドッ、ドッ、ドッ。

ちょうどハヤシが家の前に到着したところだった。改造バイクらしい音が身体に響き、排気ガスの臭いが鼻を刺激する。

禅さんは久しぶりの再会を喜び、その場でしばらく立ち話をした。

「あっ、そういえばもう親戚の家の用事済んだのか？」

「それが家出るの少し遅れて、これからなんだよ」

「そっか。家の場所ってどこらへん？」

場所を聞くと、禅さんの家からハヤシの親戚の家は少し離れていた。

「思ったより近くないじゃねぇか。ここからなら微妙に遠いから、俺がケツに乗って案内してやるよ。地元のやつしか使わないけど山道入れば近道があるんだわ」

禅さんはハヤシのバイクの後ろに乗り、日が沈み掛けたオレンジと群青色が混じる空を見上げる。

「これから通るところ近道だけど山道だから陽が落ちるの早いし、運転気を付けろよ。あとなｌ、こっちでは有名な心霊スポットなんだわ」

「ええー、俺そういうの苦手だからやめてくれって」

ハヤシがあからさまに怯えたような声を出す。

「あのな、色々な噂があるんだけど一番有名なのはさ、山の天辺に尼寺があるんだわ。その尼寺を越えた先の下り坂が結構急な坂道でさ、グニャグニャの下り道なんだけど、そこで一番カーブのキツい『魔の第三カーブ』って言われてるところを通っている時に、何故か車とかバイクのエンジンが止まるんだよ。その時に、左手の林の方に女の幽霊が出るって言われてんだわ」

「禅、体験したことあるの？」

「俺は一回もねぇな」

その答えにハヤシは安心したのか、それなら大丈夫だなと調子良くバイクを走らせた。

山道に入っていくと木々に覆われて空はあまり見えない。街灯も数百メートル置きにポツン、ポツンとしかなく、完全に日没したのではないかと思うほど道が暗い。

山道を数分走ると、尼寺の入り口の大きな門が見えてきた。この門を抜けると山頂までの道は急な坂道で、バイクならギアを一速で走らないと登ることが出来ない。

二人乗りしていることもあってノロノロと坂道を登る。山頂を越えて少し坂道を下ると右手側に尼寺が見えてきた。

そこから更に下っていくと、左には大きな湖が見える。

「禅、あの湖ってなんか噂あるの？」

「あの湖のことは知らね。だけどもうちょいしたらまた急な上り坂があって、その先に納骨堂があって、その納骨堂付近からさっき話した魔の第三カーブが見下ろせるぞ」

「こっからが本番ね……」

わかりやすくハヤシの声のトーンが落ちた。

数分後、数十メートル先の右手側に納骨堂が見えた。まだ現役で使われているため古臭くはあるがボロくはない。

二人でバイクから降りて、納骨堂のまわりを探索しようかと話していると。


バウワワウワウッ！

突然、納骨堂の方からシェパードくらいのサイズの犬が、吠えながらこっちに向かって走ってきた。

「ハヤシっ！　これ逃げないと噛まれるべ！」

ハヤシがバイクのギアを入れ直して犬を避けながら坂道を下る。

禅さんが後ろを確認すると、たかだか数十メートルしか走っていないが、犬は追い付けないと判断したのか、すぐに走るのをやめて茂みの中に入っていった。

「なぁ、大丈夫そうだし、ちょっとケツ痛いからここらで一旦バイク停めて湖のまわり歩かねぇか？」

「怖いけど俺も慣れない道で疲れたから、休憩がてら噂の湖でも肝試しでもするかー」

道路の脇にバイクを停めて、二人で湖の方へ斜面を下りていく。

湖の周辺は木が少なく、気が付けばすっかりと夜になっていて、星と月明かりによって辺りは明るい。

三十分くらいだろうか、バイクを停めた場所からそんなに離れずに湖のまわりを行ったり来たりしたが、特に何も起こることはなかった。

「肝試し」という名の休憩を終えて、二人はバイクに戻ることにした。

斜面を上りバイクにまたがる時に、禅さんは何気なく納骨堂の方を見た。

納骨堂の真横にピッタリと一台の大きな車が横付けされている。

禅さんはこれを不思議に思った。

何故ならエンジンの音なんて一切聞こえなかったし、なによりもハイエースほどの大きな車が通れるほど広い道路はなく、ここまで登ってくるのは不可能なはず。そして、先ほど犬に吠えられた時には、間違いなく納骨堂の横に車はなかったからだ。

「なぁ、さっき納骨堂の横に車あったか？」

「え？　車って？」

「だから納骨堂の横にハイエースみたいなの横付けされてるべよ」

「どれ？」

「あそこさ」

振り向き納骨堂の方を見ると、今さっきまであったはずの大きな車がなくなっていた。

「あれ……？」

「ないじゃん」

「あったんだって！　数秒前までそこに！」

「湖でなんもなかったからって、変な怖がらせ方やめろよー。もうバイク走らせるし、目の前かなり急な上り坂だからしっかり捕まってろよ」

ブロロロロッ、ガチャンッ。

ハヤシがバイクのエンジンを掛けてギアを一速に入れ、ゆっくりと坂道を登り始める。

禅さん自身も意味がわからないため、これ以上ハヤシに説明する事が出来ない。

勘違い？　いや、間違いなくハイエースはあったはずだ。自分の中で、突然現れ突然消えたハイエースの件をどうにか咀嚼しようと頭を回転させていると。


バスンッ……。


坂を登り終え下り道に入った途端、バイクのエンジンが突然止まってしまった。

「あれっ、えっ、なんで？」

ハヤシがエンジンを掛け直そうとするが掛からない。

禅さんも突然の出来事だったが、まさか？　と思い辺りを見渡してみる。

……あっ、そうか、今自分達は「魔の第三カーブ」にいるんだ。

「禅、なんかエンジン止まったんだけど、お前がさっき話してたやつじゃないのか？」

ハヤシの声が震えている。

「今いるところは確かに魔の第三カーブだけど、エンジン止まってもこの坂道なら惰性で走れるだろ。そのまま下り続けろ」

「ううう、わかったよ」

ハヤシが運転に集中して魔の第三カーブを下りている最中、禅さんがフッとガードレールの方を見てみると、髪が胸ぐらいまである、白っぽい服を着た女がガードレールを超えた先に立って、こちらを見ているのが見えた。

そのガードレールの向こう側は急な斜面になっていて、その先に原っぱがある。ガードレールとの距離を考えた時に、立つ事が不可能なところにその女は立っているように見えた。

（あー、俺見ちゃったよ）

禅さんはただでさえ怯えているハヤシに伝えれば事故を起こすだろうと思い、喉まで出かかった言葉を飲み込んだ。

エンジンが切れたバイクで坂道を下り続け、坂道が終わる頃にはブルルンっと音を立てて自然とエンジンが掛かった。

「良かったー。禅、エンジン掛かったよ」

「そうだな。そのまま山道抜けて一般道出ろ。安全運転だぞ」

山道を抜けると二、三分で一般道に出ることが出来た。街灯の多い見慣れた道に安心感を覚える。

「ハヤシ、今日のところはさ、親戚の家の用事終わらせたら遊ぶのやめて帰った方が良い気がするんだよ。だけど俺帰る足ないから、俺のことを家まで送ってから帰れよ」

ハヤシ自身も遊ぶという気持ちがなくなっていたのだろう。わかった、とすぐに頷いた。

その後、親戚の家に行き用事を済ませ、禅さんは家の前まで送ってもらった。

バイクから降りた禅さんは帰ろうとしたハヤシを引き止める。

「ハヤシ、お前これから帰る時に絶対にさっき通った山道通るなよ。地元の人間からすれば道知ってるから近道かもしれないけど、あの山道一本道じゃないから迷子になったら大変だし、さっきエンジン止まったりで怖かったべよ。焦るような用事もないだろうし、国道通ってゆっくり帰れよ」

「大丈夫だって。あんな怖い思いしたんだから通らんよ。心配してくれてありがとな。次はゆっくり遊ぼうぜ」

禅さんはハヤシの姿が見えなくなるまで家の前で見送った。


次の日。朝の六時頃に家の電話が鳴った。

その音で目が覚めた禅さんは、こんな時間に誰が電話してくんだべと聞き耳を立てていると、母親が電話に出て対応しているようだった。

「はい、はい、あー、わかりました……。禅ー！　警察からあんたに電話だよー！」

「ええっ……」

電話の相手が警察で、しかも自分に代われと言っている。俺、なんか警察に怒られたり、捕まるような事したっけなぁ？

禅さんは過去数ヶ月にしたイタズラを思い出しつつ、母親から受話器を受け取る。

「はい、もしもし」

「禅くんかい？」

「はい、そうです」

「ハヤシ○○君って知ってるかい？」

ハヤシが昨日の帰り道バイクで悪さでもしたのか？

ハヤシに巻き込まれるのを警戒した禅さんは知らないふりをすることにした。

「え？　誰ですかね。知らないです」

「いやいやいや、そういうのじゃないんだよね」

警察の反応に頭にクエスチョンマークが浮かぶ。

「そういうのじゃないってどういうことですか？」

「いやあのね、ハヤシ君のポケットの中に君の名前と電話番号書いてある紙入っててさ」

なんでそんなものが入っているのか、禅さんの頭に更にクエスチョンマークが浮かぶ。

しかし、これでハヤシのことを知らないふりが出来ないことだけは理解した。

「あの、実はハヤシのこと知ってます」

「うん、そうだよね。あのさ○○って場所わかる？　山奥のお寺なんだけど、そこまで来て欲しいんだよね」

禅さんはここまで聞いて悟ってしまった。

（まさかハヤシのやつ……）

「来てって言われても足ないし」

「タクシー乗ってきてくれたらこっちで支払いするから、来てもらって良いかい？」

そこまで言われたら断ることは出来ない。わかりましたと言って電話を切り、タクシーを呼んで指定された場所に向かう。

昨日ハヤシと走った山道をタクシーに揺られて登っていくと、急な登り坂の途中に「立ち入り禁止」のテープが貼られていて、テープの向こう側に警察が数人いるのが見える。タクシーに気が付いた一人の警察官がこっちに駆け寄ってくると、運転手にお金を渡して禅さんに降りるように言った。

警察官の表情をみるに、自分のことをなにか疑っているだとか警戒しているかのようには見えない。

「朝早くから呼び出しちゃってごめんね。今ハヤシ君のご両親もこっちに向かっているんだけど、まだまだ到着まで時間掛かるみたいで、ハヤシ君の両親から禅君と遊んでから帰るって息子が言っていたって話も聞いたから、先に禅君に来てもらったんだ。ちょっと道険しいんだけど、付いてきてもらって良いかい？」

警察官に案内されるまま警察官の後ろを付いていくと、ガードレールもない林の中に入っていく。

なんでこんなところを？　疑問に思いながら林の中に入っていくと、そこは急な下り坂で、足元は舗装されているわけもなく草木と土で不安定。油断すれば転がり落ちてしまいそうな坂道を百メートル近く下りていく。どこに連れていく気なのだと前方を見てみると、下りきった先には原っぱが広がっていてブルーシートが敷いてある。

（あー、これはきっと嫌な予感的中しちまったな……）

周辺を見渡してみると、何本かの木が削れていたり、枝がバキッと折れていたりすることに気が付いた。

坂道を下り切る直前に、警察が立ち止まって数メートル先を指差す。

「あれって、ハヤシ君のバイクかな？」

草木に隠れて見えなかったが、ハヤシのバイクが坂道を下りきった先に倒れていた。傷はほとんど付いていない。ただそこに倒したかのように綺麗な状態でハヤシのバイクはあった。

「そうですね」

「そっか。あのさ、見せられないんだけど、そこのブルーシートの下にハヤシ君いるんだわ」

やっぱり……。禅さんの予感は的中してしまった。

「禅君、これってどういうことかな？」

「いや、わかんないっす」

「一緒にいた？」

「昨日はね。でも、夜に解散してる」

「昨日の夜ね。ということは、昨日ハヤシ君と事故起こして一人家に帰ったの？」

「違います。俺、ハヤシに家まで送ってもらってるし、真っ直ぐ帰るって言ってたから、ハヤシがなんでここでこんな事になっているのかなんてわからないです」

警察官との会話で、自分はやはりこの事故に関して何かしらの疑いを掛けられているのだと思い、嘘や誤魔化しがないように事実と考えをそのまま伝えた。

「うん。わからないよね。わからなくて普通だと思うし、しょうがないよね」

警察官から予想にもしなかった反応が返ってきた。

「え、あの、なんで？　どういうことですか？」

「あのね、仕事だから念のため話を直接聞かないとダメだから、現場に来てもらって話を聞かせてもらっているんだけど、そもそも物理的にここにハヤシ君がいるってこと自体がありえないのさ」

禅さんの頭がどんどん混乱してくる。

「物理的にありえないってどういうこと？」

「禅君がタクシーで降りたところって凄い急な登り坂で、車でも二速とかじゃないと上がれないようなところなのさ。あの登り坂の頂点のところを時速一四〇キロで通過しないと、今さっき私たちが下りてきた林を抜けてあのブルーシートがあるところまで飛んでいけないんだわ」

「……それなら、俺には尚更わからないっす」

事情聴取を終えた禅さんは家に帰される事になった。

家に帰ってからも禅さんは、何故こんな事が起きてしまったのかをずっと考えていた。

バイクのエンジンが止まった時に、女の幽霊を見たのは自分だけ。帰り道に山道通るなって忠告して、ハヤシも最初に怖い思いをしたから通らないって言っていたのに通って事故死。

俺が見たあの女の幽霊がハヤシのことを連れていったのか？

その考えが脳裏をよぎった瞬間に、禅さんは小学生の時の出来事を突然思い出した。

禅さんは小学生の時に頻繁に金縛りになっていたという。それを両親や祖父母に話すと
「絶対に金縛りの最中に目を開けてはいけないよ。目を開けて黄色い世界が広がっていた

らあの世に連れていかれるからね」と言われ、金縛りになっても目を開けることはしなかった。だけど、たった一度だけ金縛りになった時に片目だけ開けた事があったのだ。うっすらと黄色がかった視界の中に、髪の毛が胸くらいまでの長さの白っぽい服を着た上半身だけの女を見た事があることを突然思い出したのだ。

ん？　ちょっと待てよ。小学生の時に見た女って。

昨日の晩に、俺が林の中で見た女と同じ女だ。

何故今頃になってまた自分の前にあの女が現れたのかも、何故自分じゃなくてハヤシが死んでしまったのかもわからない。でも、魔の第三カーブで目撃される女の幽霊については、みんなが見たと噂する女の幽霊と自分が見た女の幽霊は別だということだけは、不思議と確信が持てたそうだ。

「こんがらがるような話してごめんな。でも記憶が曖昧になってる部分はあるかもしれないけど、これがその時の体験の全部なんだよ」

海の章

木根緋郷

帰省（道央）

十数年振りにHさんは北海道の祖父母の家に行った。

Hさんは道央の住宅街で生まれ育ち、小学校低学年まで住んでいた。

こんなに長い間行かなかったのは、祖父母と不仲だったからではない。

持ち前のルーズな性格と、関東在住で旅費をケチった、というのが正直な理由だ。祖父母不孝という言葉はあるのか。酷い孫であると自分でも思っている。

久しぶりに訪れた北の大地は飛行機を降りたときから違っていた。


空気がとても澄んでいる。

だからだろうか、空が高い。

空港でも海の香りがする。

生家に到着すると記憶にある家よりも、一回りも小さく見えた。それは祖父祖母も同じだ。

「あんたこんなおっきくなって。……痩せてるじゃないの。ここにいる間いっぱい食べていきなさいね」

到着するなりたくさんの北海道料理を食べさせてくれた。

「あんた、つぶ貝好きだったでしょ」

「隣のお姉ちゃんから豚肉もらったのよ」

「メロンも買っといてあるから」

食卓に次から次へ料理が運ばれてくる。痩せ型ながら他人より食べる方のHさんですら味覚が麻痺するくらいにお腹がいっぱいになった。それでも笑顔で食べ終えた。

リビングで祖父母と談笑した後、Hさんは消化の助けにでもなればと近所へ散歩に出掛けた。

向かったのはよく祖父に連れられた公園だ。

懐かしい緑の香りがする。何故だか他の地域では感じたことがない。

老朽化によっていくつか遊具は変わっていたが、公園のシンボルでもあるドーム型の遊具はまだ残っている。グレーに塗装されたコンクリートで作られ、横に小窓がいくつかあって、伸びるようにシーソーがついている珍しい遊具だ。

(ここでよく友達と遊んだなあ)

哀愁に浸ると同時に、ふと幼少期のある出来事を思い出した。


——Hさんが六歳の頃。

日曜日の昼下がり。

友だち数人で公園で遊んでいると、同い歳くらいの男の子を連れた女性が声をかけてきた。

「最近そこに引っ越してきたばっかりなのね。この子と一緒に遊んでもらってもいいかな」

「いーよー! あそぼー!」

その母親は公園を出ていき男の子が残った。一緒に鬼ごっこ、かくれんぼをして遊ぶ。

夕方子どもの帰宅を促す町内放送が流れた。

一緒に遊んでいたはずのさっきの男の子がいない。

「あれえ、帰ったのかなあ」

しばらくすると先程の母親が焦った様子で公園に入ってきた。

「うちの子まだ帰ってないんだけど……まだいるかな」

まだ家にも帰っていないと話す。

近所総出になり最後には警察に相談。

探すも見つからない。


夜になり二十時頃、男の子は公園のドームの遊具の横で無事保護された。

その男の子に見つかるまでの間、何をしていたか聞いたところ、こう答えた。

「あそこにあるドームの中で男の子と遊んでたんだよ」

ドームには小窓がついているが、開けることはできない。ドアもなく、出入りできるような作りではなかった。

あれは、いったい、なんだったんだろうか。


ドームの周辺を歩きながら自分の記憶に間違いがないか確認する。

やはり中に入ることはできないようだ。窓から中を覗いたが、ドームから伸びているシーソーに続いているのであろう錆びた鉄骨しかない。

公園から戻ると祖母が幼馴染の近況を教えてくれた。

Hさんには二人、女の子の幼馴染がいるのだが、その内の一人が結婚して近所に子どもと住んでいるという。早速、余分に買っておいた手土産を片手に彼女の家に向かった。

幼馴染は子ども三人と一緒に快くHさんを迎え入れてくれた。

あの公園でHさんたちが遊んでいたように、子どもたちもあの公園で遊んでいるとのことだ。

公園に関わることで一つ教えてくれたことがあった。

「夜になったら公園に行っちゃいけないんだよ」

「そうなんだ。危ないもんね」

「ドームがあるでしょ。窓の中から男の子が覗いてくるんだって」

再会（札幌市）

Kさんは実家のある札幌に帰省した際、旧友のAさんと久しぶりに再会した。

三十年前、Kさんは札幌のファッションビル内のアパレルブランドで働いており、当時同じフロアにある店舗で勤務していたのがAさんだった。

数十年ぶりだからか思い出話が尽きない。楽しい時間が流れる。どのくらい話したのか何か物足りないような、何か欠けているような感覚に襲われた。

「Mさん今、何してるんだろ」

Mさんという女性がまた別の店舗で働いており、三人でよく遊んでいたことを急に思い出したのだ。

「いつも三人でいたのになんで忘れていたんだろうね」

話を続けていると、二人とも同じタイミングでMさんの記憶がない。

当時、Mさんは彼氏と同棲していたが、その彼氏は海の事故で亡くなった。

Kさんは Mさんを慰めるも元気のない状態が続いたが、一ヶ月程たった頃、途端にMさんの雰囲気が明るくなった。元気そうだからとご飯に誘い、居酒屋に入ってテーブルにつきお酒を口にするとこう言った。

「実はね、彼が最近帰ってきたの」

「えっ彼亡くなったじゃない。どういうこと」

Mさんが言うには数日前から真夜中に目を覚ますと、亡くなったはずの彼氏がベッドの横にある座椅子に座って笑みを浮かべながらこう言う。

「ただいま!」

「……おかえり!」

夢だろうがなんだろうが彼がそこにいることに違いはなかった。そのままMさんはベッドに腰掛けながら、彼に今日あったことだったり、仕事の愚痴を話す。普段と変わらない時間を過ごす。

気付くと朝。そのときには座椅子にもどこにも彼はいない。

「夢だと思うんだけどそれが嬉しいんだ」

「そ、そうなんだ……でも会えて良かったね」

「でもね……彼が最近こう言うのよ。俺もう帰ってこれなくなるから、Mも来てくれよって……悲しそうにそう言うの。私どうしよう」

その会話をした以降のMさんとの記憶がKさんもAさんもなかった。どこで会わなくなったのか、連絡をとらなくなったのか。全く覚えていない。

「じゃあまたね！　札幌帰ってきたらまた連絡するね！」

Kさんは Aさんとディナーを終えて帰宅する道中、Aさんに話していない記憶が頭をめぐっていた。最後の記憶はこうだった。

三人でご飯に行く。

夜になると彼氏が帰ってくると話すMさん。でも最近は、彼から一緒に来てくれとお願いされている。それでどうしたらいいかなとMさんはKさんとAさんに相談する。

それを話すMさんに対してKさんとAさんはこう返した。

「あっそうなんだ。じゃあ一緒に行ったらいいよ！　私ならそうするし！」

「死ねばいいよ！　死ね！」

二人でしきりと言葉を浴びせている。そんな記憶。

そういえば、先程Kさんがこのことを思い出したとき、Aさんも顔が曇っていた。

キタキツネのぬいぐるみ（網走市）

関西出身のTさんは高校三年生の修学旅行で北海道へ行った。

四日間の日程の中、二日目に観光に向かったスポットの一つに網走刑務所があった。四人の班で当時の牢獄が再現された館内をまわる。囚人たちが雑魚寝している様子を再現した人形の展示が並び、重苦しい雰囲気が漂っていた。

「こんなとこに何年も入ってた人がおったんやなあ」

「こわいなあ。私なら一日もココにおれる気がせえへんわ」

最初は恐怖と緊張感も相まって節度をもって楽しんでいたが、途中実際に使われていた牢獄の中に入って写真を撮れるフォトスポットがあった。そこに掲げてある看板には「ご自由に撮影してください」と記載があった。

それまでの緊張が一気に解け、Tさんたちははしゃぎながら檻の中に入った。

「早く出してくれよぉ」

「私は無罪なんだぁ」

そんな話をしながら少しふざけながら写真を撮影した。

網走刑務所の観光が終わって、お次は阿寒湖を観光。その日はバスに乗ってそのまま旅館に戻ることになったのだが、その道中、急に体調が悪くなった。

「先生……気分が悪いんです」

我慢していれば治るような状態でもなく先生に伝えると、案の定、旅館につく頃には高熱が出ていた。夕食も入浴も控えて、早々にひとり部屋で休むことになったTさん。ホテルは四人部屋でベッドが二つある洋室と和室という間取り。Tさんは和室で布団にくるまっていた。

夜になると同じ部屋の子たちが部屋に戻ってきた。入浴後は就寝まで一時間程度の自由時間がある。友達がこう尋ねてきた。

「Tちゃん大丈夫？　他の部屋にいるクラスの子たちが心配してこっちに話しに来たいって言ってるんやけどええかな」

「みんなが気にしないなら全然ええよ！　みんながしゃべってるの見てるだけでも元気なるし」

普段友達と外泊する機会はない。夜の自由時間でおしゃべりするのが非日常であり、修学旅行中の楽しみのひとつでもあった。Tさんはひとりでじっとしているよりは、人の話を聞いている方が気が滅入らなくていいかと思い了承した。

友だちが一人部屋を出ていくと、パジャマ姿の他の部屋の子たちが四人、お菓子を片手に部屋に入ってきた。その子たちの中には特別仲のいい子はいないが、それでも気にかけてもらえたのは素直に嬉しい。

Tさんは横になりながら洋室で談笑する友人たちの話を聞いていた。

しばらくすると視界がだんだん淡くモヤがかかってくる。

先ほどより熱があがっているようだ。

洋室に固まって座っている友達を見ている光景に違和感を覚えた。

部屋にいる人数が多いのだ。

洋室にいるのは自室の自分を除く三人と隣室の四人で、合わせて七人のはず。だが、どう見ても八人いる。

ひとり多い。短髪の小さい男の子がいる。

学校は女子校、旅館は貸し切っていると聞いていた。

違和感に気付くと同時に頭がガンガンと激しく痛みだした。すると洋室の方から誰かがこちらに向かってきた。隣室のKちゃんだった。

「Tちゃん、大丈夫なん？」

布団のそばにゆっくりしゃがんで話しかけてくれた。他の子はおしゃべりに夢中で気にも留めていないようである。

意識が朦朧とするなかTさんは答えた。

「なんかしんどい。おかしいねん」

「網走帰ってきてからやろ？　なんか変なもの見えん？」

「えっ……うん……」

言いかけたところでKちゃんは遮るように耳元で小さな声でこうささやいた。

「私、もしかしたらなんとかできるかもしれん。ちょっと待っててな」

Kちゃんは部屋を出ていき、すぐに片手に何かを持って戻ってきた。

土産物屋で買ったであろうキタキツネのぬいぐるみだった。Kちゃんは大事そうにぬいぐるみを手にして言った。

「手のひらを上に向けて仰向けになってくれへん？」

「うん……わかった」

何が何だかわからないがTさんはあっけにとられながらもゆっくり身体を動かして仰向けになった。Kちゃんは無言で布団をめくり、Tさんの左足のつま先にぬいぐるみをポンッと軽く当てた。次は右のつま先、次は左の脛、右の脛。と足元からポンッ、ポンッと軽く当ててくる。お腹、胸、左肩。右肩をぬいぐるみが触れたとき、何かがズルッと抜け出る感覚がした。

「あっ！　なんか身体が軽なったわ！」

「良かったあ！　でも一応最後までやるね」

Kちゃんはそのままぬいぐるみを当て、最後は額の真ん中をポンッ、と当てるとニコッと笑みを浮かべた。Tさんは気付くと視界も明るくなり、熱っぽさもない。あんなに酷かった体調不良は全快していた。

「ありがとう！　すごい！」

「よかった。大事にしてるぬいぐるみは身を守ってくれるんや。これあげるね」

「へえ！　そうなんや……あっ……さっき部屋に小さい男の子がいたんだけど」

さっきまでいた男の子を思い出し、辺りを見渡すがもういなかった。

翌朝。

食堂で見かけたKちゃんは朝食に手をつけていない。具合が悪そうだ。

その日の観光スポットである動物園をまわっている間もKちゃんは見かけない。先生に聞いてみると、高熱を出してバス内で待機しているとのことらしい。

（私がぬいぐるみ持ってるせいでKちゃんに悪いこと起こってるかもしれへん）

Tさんは動物園の土産物屋でキタキツネのぬいぐるみを購入。Kちゃんのいるバスに向かった。

「昨日ぬいぐるみは身を守ってくれるって言ってたやん？　これ！　交換な」

ぬいぐるみをプレゼントするとKちゃんはとても喜んで、ぬいぐるみを受け取った。

その日のうちにKちゃんの熱は下がり、最終日には二人とも修学旅行を楽しんだ。

Tさんは Kちゃんからもらったキタキツネのぬいぐるみを、今でも大切に持っている。

キツネの土鈴《どれい》（恵庭《えにわ》市）

Yさんは親友のMさんと恵庭公園に向かった。

Mさんはとても明るく外交的。頻繁に連絡を取り合い、友人の中でも遊ぶことが多かった。その日は公園に行ってショッピングセンターへと向かうという計画をたてた。

通い慣れた公園に到着。二人でベンチで話していると、友人が「キャッ、虫!?」そう言って足元を手ではらった。

見てみると、地面の中から紫色の紐が出ており、それが友人の足首に当たったようだった。

「なんなんだろこれ、見てみよっか」

スニーカーの踵で地面を掘ってみると「シャリン」と鈍い鈴の音とともに白いキーホルダーのようなものが出てきた。

陶器で作られたキツネの形をした鈴だった。

頭の部分には紫色の根付《ねつけ》のような紐が繋がっている。

「きも。なんでこんなとこに埋めてあるんだろ」

砂をかけて、スニーカーで踏んで埋め直す。

その日はそれからショッピングセンターへ行き帰宅した。


一ヶ月程たった頃である。

違和感があった。

Mさんから連絡がない。

普段はMさんから何気ない連絡があったり遊びに誘ってきたりしてくる。Yさんから連絡をとることが滅多になかったので、気付かなかった。

Yさんは自分から遊びに誘ってみることにした。

すぐに返事があり、Mさんが一人暮らしをしている1Kのマンションに遊びに行くことになった。

「あら、いらっしゃい。遠いところから来てくれてありがとう。どうぞ中に入って」

妙によそよそしい。口調も違えば、雰囲気も表情も暗い。

「久しぶりだね！　元気してたの？」

「元気よ、元気。そう。いきなりでごめんだけど、二時間くらい行かなきゃならないところがあるんだ。戻ってくるまで部屋で好きにしてていいから」

部屋に一人になったYさんは眠くなってしまった。ソファで仮眠をとらせてもらうことにした。

どのくらいの時間寝ていたのだろうか。

物音で目が覚めた。トントンと軽く固いものが床に当たる音と、ぴちゃぴちゃと水の跳ねる音がする。寝ている足の裏にサッと何が触れた。

飛び起きる。

足元には何もなかった。

部屋にも誰もいない。

それからまた、どのくらいの時間がたっただろうか。

Mさんがビニール袋を片手に持って部屋に帰ってきた。

「Yちゃんも食べるよね。一緒に買ってきたよ」

「ありがとう！　お金は渡すね」

中に入っていたのは鮭弁当二つ。いつもはハンバーガー等のファストフードを好んでいたのに珍しいと思った。

「そういえばさ、さっき変な夢見ちゃって」

「そうなんだ。どんな夢だったの」

Mさんは相槌を打ちながら棚に手を伸ばした。日本酒の瓶を掴む。コップへと注いで美味しそうに飲んでいた。今まで一滴もお酒を飲んでいるところを見たことがない。

「Yちゃんも飲む？　これ私とっても好きなの」

飲めないので断った。再び日本酒の瓶を掴んで二杯目をコップに注いだ。

日本酒の瓶の横に白いものが置かれていた。

土の中にあったキツネの土鈴。

「その土鈴、公園に埋めたよね。どうしたの」

「帰ってきてから可愛いなって思って。一人暮らしで寂しいし。すぐに公園に戻って、持って帰ってきたの」

「そ……そうなんだ……」

Mさんは笑顔で二杯目のお酒を一気に飲み干した。

以降もまた連絡がない。次はこちらから連絡したが、今度は返事もない。性格も雰囲気も変わってしまったように思えて詮索はしなかった。

半年後、Mさんの両親から電話があった。精神を病んでしまい入院しているということだった。これから退去するマンションの片づけをするというので、Yさんも片づけを手伝うことになった。

部屋の中は散乱していて、異臭がした。生ごみのたぐいではなく、形容しがたい垢のようなニオイ。

マンションの部屋には唯一あれがなかった。入院中の病室に持ち込むものは審査があり、必要最低限のものしか持ち込めない。

Mさんがどうしても、と懇願したようであのキツネの土鈴は「御守り」として病院に持ち込み申請、ベッドの枕元に置かれているという。

Mさんの両親の話によると、現在の彼女は言葉を使えない状態であるらしい。


部屋に遊びに行ったあの日。

テレビを見ていると、後ろから話し声が聞こえた。

(電話してるのかな)

振り返るとMさんがただそこに置いてあるだけのキツネの土鈴に向かって笑顔で会話をしていた。


キツネに話しかけていた言葉を、Yさんから聞いたまま書く。

私の解釈はあるが、書かないでおく事とする。


——よしかかんないでえ。

——またまかしちゃうじゃん。

——わやのとばくるかい。

——平気ダベさ。

——もう、さビシくないカい。

——ズっと一緒ニイるサあ。

彼女は。

だれと。

何を。

「ばくった」んだろうか。

「ばくる」とは「交換する」という意味である。

現場検証

（道央）


Tさんは道央にある警察署の交通課に勤め現場指揮を執っていた。

夜勤のある日の出来事である。

事故発生による出動命令が入った。

場所の詳細を確認すると警察と隣接する大きな公園の前、広い一本道でバイクが電信柱に衝突したとのことだった。Tさんは部下を引き連れ、すぐに警察署を出た。

「あんなとこで事故ってことは、酒気帯び運転か何かだろうか」

深夜であるにも拘らず、道路に出たところで人溜まりができているのが見えた。ひしゃげた黒いバイクと若い男性が倒れており、電信柱が折れ、地面が真っ赤に染まっていた。

倒れている男性は成人を迎えたばかりのTさんの息子と、同じくらいの年齢に見える。

すぐに救急隊が到着し、報告が入った。

「男性は頭部と腹部からの出血により即死です」

聞かなくてもわかっていた。


現場検証が始まりTさんは現場指揮を執るも、部下の動きがおかしい。

カメラを手にした後輩の一人が「あれっ？　あれっ」と言いながら首を傾げている。

「おいおい、何やってんだ。早く済ませろ」

「いや……いや……写真うまくが撮れないんです」

フラッシュは焚かれシャッターはきれている。

「お前カメラ貸せよ。俺が代わって撮ってやるから」

Tさんがカメラを構えバイクを中心に十数枚撮影する。

「なんなんだよ、撮れるじゃないか」

写真を確認すると。

——全てにバイクを掴む長い手が写っていた。

光の反射には見えない。公園の歩道側から伸びている異様に長い人間の腕がバイクを掴んでいる。腕の主は写真から見切れていた。

Tさんはゾッとした。

それでも撮影を終えなければ仕事にならない。

公園側にカメラを向けて写真を撮り続けていると腕は写らなった。

Tさんたちは現場検証を終え、署内へ戻ることになった。


鑑識の結果、遺体からアルコールは検出されず無免許運転でもなかった。


後に遺族と話をするために男性の実家に向かった後輩から母親の状況を聞いた。

被害者の母親が「やっぱり……そうだったんですか」そう口にして話し始めたそうだ。

「さっき二時頃にインターフォンがなったんです。鍵を忘れた息子が帰ってきたんだろうと開けたら誰もいなくて」


私はこの話を取材した際にしばらく北海道に行く予定がなかったため、グーグルストリートビューで場所を確認した。

当時から新しく立て直されていると聞いていたが電信柱は同じ場所にあった。よく見てみると電信柱が折れているように半分からずれて映っている。

もちろんグーグルストリートビューでそのように映ることは多々あることは承知の上である。

こじつけと思われても仕方ないと思い書いている。

ただ、この話を取材した直後の私は、途中から折れたように見える電信柱の隙間から、あちらの世界がこちらを覗き込んでいるように見えてならなかったのである。

インターフォン（江別市）

四十年前、イワさんは早朝に電話の音で目が覚めた。

固定電話の子機をとると、江別に住む弟の妻からだった。

「もしもし、朝早くにごめんなさい」

「もしもし、どうされました？」


イワさんは聞く前にわかっていた。


弟は癌で長く入院しており、今病院で亡くなったことを聞かされた。

翌朝、通夜が行われるため、弟夫婦の家に向かうことになった。イワさんは妻のキミコと娘のケイコがいるが、住まいの佐呂間町から弟夫婦の家までは四時間以上もかかるうえに、娘がまだ三歳であったので、連れていくことを諦め、一人で車を走らせた。

弟夫婦が住んでいた家に到着し、憔悴しきった義理の妹の手伝いをする。

しめやかに葬式が終わり、その日は丁度近くにあったイワさんが勤める会社の支社寮が空いているということで一泊させてもらうことになった。

二階建ての寮の二階の一室があてがわされた。ベッドで横になると、その日の疲れからかすぐに眠りにつく。

深夜、物音で目を覚ました。

――ピンポーン――

遠くから聞こえる。恐らく一階玄関のインターフォンの音だろう。

――ピンポーン――ピンポーン――

音が鳴り続けている。寮の真横には警備室があり二十四時間体制で警備員がいるはずだが鳴りやまない。

一度気にすると眠ることができない。

(一階のやつら何やってんだ。他のやつも何も言わないのかよ)

イワさんは重い身体を起こして部屋を出た。

廊下を歩き階段を下りる途中にも、音は鳴り続けている。玄関口に立ってもまだ鳴り続けている。イワさんはゆっくりドアを開けた。

「大変お待たせしました」

そこには暗闇が広がっているだけ。

懐かしい弟の部屋の香りが漂っていた。

眠くてさ（佐呂間町《さろまちょう》）

イワさんは弟のことが頭から離れず、予定を変更し早朝に自宅へ帰ることにした。

自宅についたのは朝の九時である。

妻のキミコが優しくイワさんを佐呂間町にある自宅に迎え入れてくれた。

「大丈夫？」

「ああ、ちょっと眠れなくてさ」

「そうなの。そういえばちょっと聞いてよ。ケイコがさっき変なこと言ってて」

話を聞いてみると、朝、娘を起こして歯を磨きに行かせたとき。

リビングに戻ってきた娘がこんなことを言ったのだという。

「今日おじさん遊びに来てたんだね」

どういうことかと尋ねると、昨日亡くなったイワさんの弟が、洗面台の前でうずくまっていたというのだ。

「おじさん来てたんだ。なんでそこで寝てるの？」

「……うーん、なんか眠くてさ……」

すぐに洗面台を確認したが誰もいなかった。

イワさんの弟が亡くなったことを娘は聞かされていない。

階段の先（室蘭市）

Cちゃんは小学三年生の夏休み、室蘭にある祖父母の家に遊びに行った。

その日は二階にある仏間でお絵描きをしていた。

夕焼けの赤い光が差し込んできたとき、急に眠くなってしまってその場で寝転がった。

畳のいい香りがする。

眠気が強くなる。

すぐにでも眠りに落ちそうになりながらぼーっとしていると、窓の外にお寺があった。

長い石階段の上にあり、丁度目線の先に見える。

（あんなとこにお寺あったっけ）

この家には夏休みにしか来ることはないし、仏間は滅多に入らなかったので気付かなかったのだろう。

夕日も相まってキラキラして見えた。

(行ってみたいな)

Cちゃんは起き上がって一階に下りていった。リビングからはお母さんとおばあちゃんが話しているのが聞こえる。足音を立てないように、ゆっくりと玄関を出ていく。

仏間側の道路の先に階段があり、その先にお寺がある。

走って階段をかけのぼる。

のぼる。

のぼる。

顔を上げると。まだまだ先にお寺がある。

のぼる。

のぼる。

のぼる。

まだまだ先にお寺。滴り落ちる汗が目に入る。

のぼる。

のぼる。

のぼる。
のぼる。
疲れちゃった。
なんでだろう。全然お寺に近付いていないように思う。
階段に座って休もう。

——「ちょっと！　あんたそこで何やってるの」
目の前にはたくさんの大人がCちゃんを覗きこんでいる。
あたりは夕日で真っ赤っか。

後から聞くと、Cちゃんは二キロ先の国道沿いで倒れているところを保護されたのだという。

お邪魔するわね（十勝）

関東在住のSさんは数年振りに札幌にある祖父母の家へ遊びに行った。

祖父母と居間でお菓子を食べながら話す時間は、日々の疲れと時間を忘れさせてくれた。

どんな話の流れだっただろうか、祖母がこんなことを言った。

「青森のおばちゃん覚えてるかい。この前電話があったのよ」

「もちろん、小さい頃よく遊んでくれたから覚えてるよ」

「あの人が電話で、十勝のおじちゃんおばちゃんが玄関にいるって言いだしたのよ」

祖母が話す二人——十勝のおじちゃんおばちゃんというのは数年前に亡くなったはずである。


その二人が家の門の前に無言で立っている。

亡くなっていることは理解していたが、不思議と疑問に思うこともなく、青森のおばちゃんは二人に声をかけた。

「あらあら久しぶりね。どうしたの」

二人は聞こえていないかのように表情を変えず、ただ家の二階のベランダを見つめている。


そんなことが最近起こるという。通話を終えると祖母はその話が気になり、二人の仏壇がある、道内の親戚の家にお邪魔することにした。

突然の訪問を詫びると、挨拶もそこそこに仏壇に向かう。

数ヶ月は手入れしていないのであろう。仏壇には埃がごっそりとかぶっていた。

久しぶりに対面した親戚の手前、注意することも掃除することもできない。

祖母は仏壇の前に座り、

(居心地悪いならうちの仏壇大きいし、良かったら来なさいね)

そう、手を合わせながらに二人に伝えた。

「それでね、昨日また青森のおばちゃんから電話があったのよ。十勝の二人が夢にでてきて『私らは山の方に行くわ』って。そうしたらもう玄関先で見ることもなくなったって」

祖母は天井を指さしてこう言った。

「最近夜に物音がするの。十勝の夫婦だと思うから怖くないんだけど」

……二階にある仏間はSさんが滞在の間、寝泊まりしている部屋。

順番

（札幌市）

Eさんは札幌市内でタクシードライバーをしている。
夜から明け方の時間に走らせることが多い。
この時間は、終電を逃した長距離の客にあたればいい稼ぎになるからだ。
タクシー乗り場に並び、先頭の車から順に客を乗せていく。
Eさんが二番目に並び順番を待っているときだ。
カップルが前に停まっているタクシーに乗ろうとする。
するとすぐに引き返しEさんのもとに向かってきた。
「すみませぇん！　前のタクシーお客さん乗ってたんですね！　焦ったあ」
Eさんはカップルを乗せて車を発進させた。
先頭のタクシーには後部座席にも助手席にも人はいない。

不機嫌そうなドライバーだけ。

こんなことがよくあるとEさんは言う。

共存（名寄《なよろ》市）

Kさんが名寄の支社へ一泊二日で出張に行ったときのことだ。

昼間は仕事をし、夜は支社近くにある会社の寮に泊まる。夜になり、寮のすぐ隣に建つ別棟の食堂へ向かうことになった。

「俺たち先に行ってくるよ」

同じ部屋の社員は先に食堂へ向かい、Kさんは後から向かうことにした。

身支度を済ませ食堂に向かう。荷物の整理をしていた寮と食堂のある別棟を繋ぐ、一階の渡り廊下を行く途中。

外から何やら、ガサガサと音がする。

（夜中に山奥でなんだろう。動物でもいるのか？）

Kさんは足を止め、夜闇に目を凝らした。

渡り廊下を覆う柵の奥、木々の間から何か白いものが動くのが見える。それは、一メートルくらいはあるだろう、白い無表情の顔だった。

「うわっ、なんだあれ」

Kさんは後ろにのけぞった。

ガサッ、ガサガサガサガサッ

藪をかき分ける不穏な音。白い顔が素早くこちらに向かってくる。廊下の明かりで顔から下が見えた。狼のような茶色い毛で覆われた胴体と四本の脚。それが全速力でこちらに走ってくる。速い。みるみるうちに近づいてきたかと思うと、そのまま勢いよく柵にぶつかった。

ガシャン！

夜を砕く激しい音に、Kさんは弾かれたように食堂に走りだした。

「あ、あの、あの、聞いてくださいよ」

駆け込んだ食堂で、住み込みの女性職員にことの顛末を話した。

「ああ。そういうのよくいるのよ」

「よくいるっておかしいじゃないですか」

「北海道って昔は今以上に動物を大事にして共存してたのよ。人間は動物を平等に見ていたのね。だから動物も人間と同じだと考えてたと思うの」

「えっ、一体どういうことですか」

「頭が馬で胴体が人間なんてのもいるのよ。どっちが元人間か動物かはわからないけど」


翌日。

空港へ向かう車中で馬頭観音像を何体か見かけた。

Kさんは納得した。

人間観察（旭川市）

Uさんは大学生の頃、大型スーパーでレジ打ちのアルバイトをしていた。

働き始めた頃は接客から商品の取り扱い、支払い方法も現金、クレジットカードにポイントカード……と、覚えることがたくさんある。

半年もして慣れてくると気持ちに余裕が出てきた。次第に日々の単純作業の中で、楽しみができた。

(お客さんて面白いなあ)

街でガードレールに腰を掛け、人間観察を密かな趣味にしているUさんにとって、レジカウンター越しから見える人間模様はとても興味深かった。

その中でも面白いお客さんの行動があった。閉店間際、レジカウンターに立っているときにたまに見かける光景だ。お会計のお客さんを待っていると、カートを押した自分の母親くらいの年齢の女性が、二つ奥の無人のレジカウンターに「ドン」と買い物カゴを置く。

女性は「あれ？」と呟いて首をかしげ怪訝な表情をしながらこちらに向かってくると、買い物カゴをカウンター置きなおす。

（イヤホンなんかして他のことでも考えてるんでしょ。バカみたい）

そう思いながらレジ打ちを行う。

同じようなことが度々あるのだが、なんだか滑稽で面白かった。


四月の終わり頃。Uさんに後輩ができた。隣町の商業高校に通う一個下の女の子がレジ打ちに加わったのだ。眼鏡をかけていかにも真面目そうな子である。Uさんが教える立場となり一緒にレジカウンターに入るのだが、すぐに仕事を覚えるし、混んでいても冷静、ミスも一切ない。

「私なんてここまでできるまで三ヶ月もかかったんだよ！」

「いやいやいや……ワタシなんて全然ダメダメです」

とってもいい子だった。二週間もすると一人で仕事をできるまでになっていた。

二ヶ月程たった頃。あの子と一緒のシフトのはずなのに出勤してこない。店長に聞いてみると、昨日「すぐにでもバイトを辞めたい」と言ってきたのだそうだ。店長は「今すぐに辞められたら困るよ。一ヶ月はいてくれないか」そう返したが頷きはせず、無言で帰ったきり今日は連絡もつかないそうだ。

(バイトをとばすような子じゃないのに)

店長に辞めようと思った理由は何だったのか聞いてみると。

「妙なこと言っててさあ。参ったよ」

眉をひそめて店長は、後輩が言っていたことを教えてくれた。

「レジでも変なことがあるし、さっきトイレに行ったら下から白い手に掴まれたんです。足音もしなかったし影もなかったんですよ？　本当に変なんですここ。他にも……」

あの子がどんな心境だったのか。

どんな気持ちを抱いてバイトを辞めたのか。

何が起こったのか。

そのとき私はどう思うのか。
自分なら辞めるという判断をするだろうか。
段々と自分自身が何を考えているのか。
何が正しいのか。
わからなくなってしまった。
私は今何を言っているんだろう。
自分のことをわからない人間が他人をわかるワケがない。
そう思った。

その日でバイトと人間観察をやめた。

別れたくない（札幌市）

カイトは今まで女に困ったことはない。

身長が高く、顔も良い。人当たりも良いので男女共に人気がある。職業は有名ブランドのショップスタッフをしていることも華を添えていた。

ただ、どれだけモテていたとしても「恋愛」となると話は別だった。

付き合っても長続きしないのだ。長く続いても四ヶ月。

毎回フラれてしまうのである。次に付き合う候補は複数いるので彼女が途切れたことはない。

なんとも贅沢な悩みだな、と思うが。

カイトは悩んでいた。

（俺にどっか悪いとこがあんのかな……）

今付き合っている子は、歴代の彼女の中でも一番相性が良いし、もうこのあたりで落ち着きたいという気持ちがあった。

考えてみると付き合って三ヶ月になろうとしている。なんとなくだが彼女の対応が以前と変わったような気がする。付き合ったときにプレゼントした、お揃いの「縁結びの御守り」も最初はスマホカバーにつけてくれていたのにいつの間にか外されていた。

倦怠期ってやつを乗り越えられないのか。カイト自身が悪いのか。

思い切って彼女に伝えることにした。

「俺さ。今まで彼女と長く続いたことがないんだよ。でさ、最近……なんか上手くいってないっていうかさ……俺に悪いとこあるんなら言ってくれよ。最近冷たいじゃん」

「う……うん……そうなんだけど……」

「ずっと付き合っていきたいんだよ。なんでも直すからさ。怒らないよ。なんでも言ってくれていいからさ」

彼女は俯いてこう続けた。

「カイトくんごめんね。カイトくんは全然悪くないんだけど……私別れたくて。理由は聞かないでほしいの」

「どんな理由があったって俺は好きでいるよ。例えば大きな嘘をついていても、借金があっても、二人でどうにかしよう。約束する。頼むよ」

「……わかった。これだけ聞いてもらってもいい？」

「当たり前だろ。なんでも話してくれ」


彼女はぽつり、ぽつりと理由を話してくれた。

カイトと会うと体調が悪くなるというのだ。

最初は気のせいかと思っても、デートの度に体調が悪くなり、イヤでも気分も落ちてくる。

夜二人で寝ていると決まって夜中に起きてしまう。声が聞こえるから。

最初は彼氏の寝言かと思っていたが反対側の枕元から聞こえる。

黒い影がある。

「それ」がぶつぶつ何か言っている。

段々と影がはっきりとしてくる。

カイトだった。

もう一人のカイトがしゃがみこみながら、

「別れろ別れろ別れろ別れろ別れろ」

まばたきもせずに訴えかけてくる。

朝起きても疲れがとれていない。

会わなかったらいいんだ。

別れたら楽になれる。

別れたい。

別れたい。

別れたい

彼女は憔悴しきった顔で話すとリュックサックを開けた。

取り出したものはカイトがプレゼントした「お揃いの御守り」だ。

ある夜、その「もう一人のカイト」がスマホの上にいつもいることに気付き、外したところ幾分かはマシになったと話す。

「俺はいつも持ち歩いてるんだぜ。何言ってんだよ」

そう言いながら彼女の手を握ると指先が冷たく感じた。

何故かと問われたら、なんとなくとしか言いようがない。御守りの紐をほどき中身を確認した。


別れろ別れろ別れろ別れろ別れろ別れろ別れろ別れろ別れろ別れろ別れろ。


和紙に赤黒い文字でびっしりとそう書かれていた。

赤黒いのは恐らく血液だろう。


——御守りはカイトの幼馴染からもらったものだ。

「あんたさあ、いつも彼女と続かないんだから。コレ。縁結びで有名なとこのやつ。彼女と一緒に持ってなよ。効くらしいよ」

札幌市内でも縁結びで有名な神社の御守り。現代に合うように可愛らしいデザインだ。

それを誰かと付き合う度に渡されていた。

翌日。
気味が悪くなり札幌市のとある神社に持っていくと、青ざめた神主さんから「一旦預かるから来週また来てほしい。無料でやるから」と言われた。指定された日に行くと、たくさんの御守りやお札と一緒にお焚き上げが行われた。

先日実家に帰ったときに聞いた。
幼馴染が熱湯を頭からかぶったらしい。
詳しい経緯はわからない。
顔の皮膚の半分以上を火傷。
移植手術を行っているとのこと。
いい気味だと思った。

センパイ（道央）

自衛官をしていたTさんは数日間だけ道央の駐屯地に派遣された。

その間の宿泊は、普段は使われていない宿舎を割り当てられた。

二日目の夜のことである。

その日の訓練が終わり、夜の二十二時頃に自由時間があった。仲間達数人で雑魚寝しながら、電気のついていない暗い部屋でテレビを見ていた。すると「ガチャッ」と部屋のドアを開ける音がして、こちらに向かってくる足音が聞こえた。そのままその人物がおもむろにテレビの前に立った。

Tさんたちは訳がわからなかったが、男はテレビをまじまじと見ながらこう言った。

「へえ。テレビ見れるんだなあ」

古いテレビの光だけで逆光になっているため顔もぼんやりとしか見えない。服はTさんたちと同じ制服を着ている。

そこの駐屯地の隊員かと思うのだが、言っている意味がよくわからない。呆然とその光景を見ていると、男はおもむろに畳の上に向かって小便をしだした。

「ふああ」

何事もなかったかのように男は無言で出ていった。

我に返ったTさんたちは自分たち以外に人がいるわけがないことに気づき、廊下に出たが誰もいない。すぐに守衛に緊急通報。

隊員全員で探索するも侵入者は全く見つからずに、内々に処理された。

その後、Tさんは畳の上の小便を掃除する係になった。

何度拭いても雑巾は色がつかずに真っ白。

ニオイも全くしなかった。

署内の会報（空知《そらち》管内）

祖父が繰り返し私にしてくれた話がある。
記憶を遡ると小学校低学年の自分に語りかけてくる祖父の姿がある。
何度も何度も聞いた話だ。
「お前な、世の中何が起きるかわからねえんだぞ」
——だから、気をつけろよ。
祖父の話はいつもこうして始まった。
昭和中期。

祖父——木根ノブツカは学生時代からの夢であった警察官になることができた。

配属は交通課、事故係。

忙しない毎日だったが必死で先輩に食らいつき、あっという間に半年が過ぎたある日。

なんとなく捲っていた定期会報の一頁が目に留まった。


【○○さん、未だに行方不明】


名前に心当たりがあった。

(あの娘《こ》、行方不明になっていたんだ)

高校時代の後輩だった。

大きな目と黒い長髪が特徴的で忘れられない魅力があった。

笑ったときの目尻の皺、いつも少しだけ上がった口角がなんとも穏やかで、目を閉じるとありありと彼女の面影が脳裏に浮かぶ。

あくまですれ違いざまに挨拶を交わす程度の関係だったが、いつの間にか彼女の姿を学内、学校周辺で見かけることがなくなっていたのだ。

当時は学校を辞めたのか転校したのかと思っていたが、事件に巻き込まれていたとわかると少なからず気を病む。まるで二度目の別離に遭遇したかのような悲しさを背負い、またノブツカは仕事に励んだ。

そして会報を読んだ翌晩、ある通報が入った。

内容を聞いた上司がつぶやいた。

「おいおい、またかよ。困ったもんだな」

山間部にあるK市の峠での事故だった。

そこは入署以前から度々「人を轢いてしまった」と通報が入ることで有名な場所だった。

「女性を轢いてしまったんですが、その女性がどこにもいないんです。怪我したままどこかに行ったたか、崖に落ちてしまっていないか心配で」

連絡してくるドライバーは決まってこんなことをいう。

しかし毎回現場に向かい、捜索、検証を行うも轢かれた女――被害者はどこにも見当たらない。

その晩はノブツカが現場に向かったが結局、現場には「轢いた、轢いた」と騒ぐドライバーしかいなかった。

対応を終え署に戻る途中、ノブツカはふと行方不明の彼女と先ほどまで立っていた現場に、ある繋がりがあることに思いが至った。

(あの娘、確かあの峠あたりを通学路にしてたよな)

急にいなくなった後輩。

事故。

あの峠。

妄想に違いないことはわかる。

でも、抗えない心のざわめきがノブツカを駆り立てた。

「あの峠の近辺を、再度詳細に捜索するようにお願いすることはできないんでしょうか」

新米が上司にこんなことを言ってはいけないとわかっていながら、ノブツカはそう部長に申し立てた。

「あの会報に載ってた女性、自分の後輩で。あそこの峠をよく通ってたことを覚えてるんですよ」

「何言ってんだお前。あんなの、とっくに死んでるよ。お前、じゃあ今まで事故に遭ってたのはもうホトケさんになってるその娘だって言うのか。ありえんだろ。バカらしい」

このやり取りがあって以降もその峠からの通報は続いていた。

「来たよ、またか。かったりいな」

「どうせ、野良犬かタヌキがあの辺にいるだけなんだろ」

同僚はそうボヤいて笑うが、ノブツカだけは笑うどころではない。

あの娘。

あの黒髪の。

あの。

初恋の娘。

あの娘がきっと、いる。

あの峠に絶対にまだいるんだ。


何度目かの峠からの通報を受け、ノブツカは再度上司に懇願した。

「どうしても関係あるように思うんです。通報が頻発する周辺だけでもいいので、峠をもう一回さらうようにお願いできませんか。バカなことを言っているのは百も承知です。でも、どうか一度だけ、この青二才の生意気なお願いを聞いてください」

「お前……泣いてるのか？」

「どうか、どうか」

頭を何度もさげ、なるべく涙で声が震えないよう、少しでも上司にこの思いが伝わるよう、言葉を重ねた。

「……まあ、通報が多いのは事実だからな。必要といえば、必要なのかもな」

「あ、ありがとうございます」

再捜索が始まると、崖の下の地中から女性の白骨遺体が見つかった。

鑑識で判明した身元はノブツカが想像した通りのものだった。

終わりは三度目の離別となったわけだ。

「……だからな、ヒサト。まあ車には気をつけろってことだ」

世の中、何が起きるかわからねえからな。

道の章

田辺青蛙

プールの辺り

札幌の地下鉄に以前「霊園前駅」という名前の駅がありました。

南平岸《みなみひらぎし》から南区澄川《すみかわ》の間も墓地がありますし、霊園や墓地が意外と多い地域だから名付けられたのだと思います。

これは、その沿線にある、高校の卒業生だった方から聞いた話です。

お盆になると学校の周辺が、線香の香りに包まれるんです。まるで線香の膜が掛かったみたいで、どこに行ってもにおうんです。だけど服や髪の毛にはにおいが移ったりはしませんでしたね。特に線香のにおいを感じたのはプールの辺りでした。

昔は霊園に焼き場があって、近所に住んでいた人は、窓から「今日も煙が上がって火葬してるんだ」って見ていたそうです。

その焼き場が取り壊された場所が学校のプールなんです。

学校では季節を問わずよく霊を見る人がいました。見える子に平気？　って尋ねたら、もう慣れたよって言っていましたね。

夏場、プールで泳いでいる時は人の影のような物がもやもやと海藻のように底で揺らいでいるのがよく見えたそうです。

じーっと見ていると、何か声が聞こえてくることもあって、プールから上がったら足の親指に長い髪の毛が絡まっていることもあったと聞きました。

夜、プールで祝詞《のりと》のような言葉を聞いた子もいたんで、学校側もお祓いを定期的に依頼していたのかも知れません。


何も感じない人は平気みたいなんですけどね。この話をして、そこ行ってみたいっていう人と一緒に現在の×××駅に行ったら、左腕に巻いた数珠がパンっと弾き飛ぶのを見ました。

他人の体験として聞いたら信じない話ですけどね、目の前で見たんですよね。

しかも、どんどん顔色が土気色になってってね、ここにはかなり沢山いるねって言って、その人、帰ってしまいましたよ。当然帰りは地下鉄でなく、バスでしたね。

ミグじゃなかった

SF作家のHさんからこんな話を聞いた。

先日、思い出したんですが、九二年に札幌のススキノにいたホステスさんから聞いた話です。彼女の店の客で鈴木さん（仮名）というF15戦闘機のパイロット（イーグルドライバー）の体験だそうです。

ある晩、彼はF15のパイロットとして深夜にスクランブルで僚機と共に出撃しました。当時はまだソ連があって、謎の機体による領空侵犯があったと報告があったそうです。管制官の指示で指定された空域に鈴木さんが行くと、レーダーに確かに反応がありました。

速度もジェット機ほど出ており、ミグか⁉　と思い、緊張が走ったそうです。

上司の無線の指示に従い、接近して鈴木さんが目視すると、夜空よりもさらに漆黒の巨大な塊が飛んでいるのが分かりました。

輪郭ははっきりしませんでしたが、それは、ジェット機よりも一回りくらい大きかったそうです。

規定に従い、彼は英語でその物体に「貴殿は日本の領空に接近している云々」と通信を送ると、無線機から返信がありました。

「我々に敵意はありません。そんなに緊張しないでくださいよ、鈴木さん。それにしても地球は寒いですね」

それは、流暢な日本語の声だったそうです。

言い終えると黒い塊は急速に方向を変え、領空侵犯の可能性はなくなりました。

管制官は国籍不明機がスクランブルで領空から離れたと認識し、僚機も同様で、目視はできませんでしたが、レーダーで領空から離れたのは確認したそうです。

つまり鈴木さんへのメッセージは、鈴木さんしか聞いていませんでした。

あの黒い塊が何かも謎なら、どうして鈴木さんがＦ15に乗っていることを知っていたのかも分かりません。上官はミグだったかどうかを気にしていたので、鈴木さんはミグではなかったと報告を行ったそうです。


そして、そんな体験があってから妙なことが幾つかありました。

鈴木さんのポケットに謎の金属片が気が付けば入っているのです。

それは、削ったアルミのような物で、ポケットがチクチクするなと思って手を入れると指先にくっついていました。


ポケットの中だけでなく、耳の中が変な感じがするなと指で触ったら同じような金属片が付着していたこともありました。何も食べていないのに口の中が急に甘ったるくなったり、耳鳴りが酷く、キーンとする頻度も増えました。


どれも、あの謎の黒い空飛ぶ何かを見た日から始まった変化だったそうです。

それと数秒間先の事が分かる頻度が増え、あそこに置いてある物が落ちるなとか、次にこういう事があるぞというのが何故か分かってしまうのだそうです。

そういう妙なことが続いたのは半年ほどだったそうですが、鈴木さんはその原因を、もしかしたらあの夜の黒い影はＵＦＯで、交信したのが宇宙人だったからではないかと思いました。

そして、ＳＦ作家の僕にこのことをどう思う？　と言って話してくれたのですが、今どきＳＦにＵＦＯはねえ……と返してしまいました。そんなわけで、この話は自分の作品に書いたことはありません。でも、怪談作家さんなら世にも不思議な体験を聞いたってことで出してもいいんじゃないかなと思い、お伝えした次第です。

あるカラオケ店にて

これは、札幌市南区の地下鉄「自衛隊駅前」付近にあったカラオケ店の話です。

札幌市の地下鉄「自衛隊前駅」は真駒内《まこまない》駐屯地の東門近くにあり、元自衛官だった私も真駒内駐屯地に居た頃に街中へのアクセスが便利なため、よく使っていました。

自衛隊前駅の名の通り、自衛隊の駐屯地が近くにあるため自衛官の利用客も多かったと思います。

外出すると仲の良い隊員達が連れだってカラオケに行くのはよくあることでした。

上官や、知り合いと鉢合わせになる可能性が高いにも拘らず、近くの店に行く利点は、自衛隊は門限があるので、早く帰隊できることや、貴重な外出時間を有効に使えることですね。

でも、そのカラオケ店へ行くと「幽霊が出るらしい」という噂が隊員の間で広がっている時期がありました。なんでも、カラオケ店のトイレの鏡に知らない顔が写るとか、白い服の髪の長い女がいつの間にか部屋にいるとか、ありがちといえばありがちですが。

他にも、カラオケから選曲していない曲が勝手に流れるというのも頻繁にあったそうなのです。

この話、自衛官以外の人からも聞いたことがありまして、「兵隊の幽霊だった」「ヘルメットをかぶった作業服姿の男がカラオケルームに立っていた」というものもありました。

その話を聞いて、自衛官達から聞いた話と繋がったと思いました。

自衛官達は兵隊ではなく「自衛隊員がライナーを被った幽霊を見た」と言っていたのです。

ライナーとは中帽と呼ばれる、鉄帽の中に被るプラスチックのヘルメットのことです。

もちろん外出するのにライナーや戦闘服を着る奴なんていません。

どうもその幽霊は歌を歌いたかったんじゃないかと、見た隊員が笑っていました。

どんな選曲していたの？　と聞いたら「古い歌謡曲でしたよ」とのことでした。

そのカラオケ店は立地は悪くないのに、ほどなく潰れてしまいました。

この話を元自衛官のＪさんから聞いた後に、真駒内に住んでいる知り合いにもしかしたら知っているかもと思って、このカラオケ店のことをさりげなく聞いてみた。

するとこんな話が出てきた。

「駅近くのカラオケ？　あーあそこか。変なことがよく起こる場所って有名だったよ。入れたのと違う曲が流れるとか、変なおっさんの声がハモって聞こえるとか、壁の中から怒号が聞こえてくるとか。壁が薄いからとか、妨害電波が嫌がらせで近所から出てるって噂もあったくらいだから。

脱走してトイレで自殺した自衛官がいたから、その幽霊が嫌がらせをしてるなんて噂もあったけど、どうなんだろうね。家族で行った時も画面が急にパッと暗くなって一瞬顔色の悪いおじさんが映ってコワっ！　って声あげたことあるから、あそこは何かあったというのは事実だと思うよ。

だって家族全員、心霊関係の話嫌いだし、苦手だけどああいうの見ちゃうとね、やっぱりそういうこともあるんだなって納得したくらいだから」

後日、そのカラオケボックスがあった場所に行ってみたが何も起こらなかった。

この場所にいた幽霊はどこに行ってしまったのだろう。

消えた心霊スポットに行くたびに、そんなことを考えてしまう。

映画みたい

私の夫の実家が札幌なので、休みの期間中はそこで過ごしていた。
そしてある日の夜、夫が気晴らしに少し外に出て来たらどうかなと勧めてくれた。
私は子供を夫に任せて、冬の夜のススキノの町へと繰り出した。

夜のススキノの町は凍てつくような寒さだったが、バニーガールが客引きをしていたり、雪の残る道路の上に跪《ひざまず》いて名刺を差し出すホストがいた。私はそれらを横目に味噌ラーメンの店に入り、その後寿司屋に行ってサッポロビールを煽り、夜パフェを〆に食べた。
少し酒も入り、美味しい食べ物のおかげで満腹だったので体も心も温かく、いい気分でススキノの町を歩いていると街角ビルに埋め込まれたＬＥＤ製の温度計が目に入った。詳しい温度はハッキリと覚えていないけれど、マイナス八度以下だったように思う。

こんな気温なのか、凄いなと思いながら町の散策を続けていると、人通りが途切れた辺りで、首をこくん、こくんと揺らせて椅子に座って眠っているような姿の人がいた。

その人は黒い服を着ていて、ビルの暗がりに保護色のように紛れ込んでいるようにも見えた。

話しかけようかどうしようか迷ったのだけど、私がこの人に声をかけなかったことで凍死してしまったら寝覚めが悪いと思い、近くによって軽く肩を叩いた。

「すいません、大丈夫ですか？　こんな冬に外で寝ていたら危ないですよ」

すると、黒衣をまとって船を漕いでいた男性は目を開いた。

「あら、どなたですか、あたし寝てました？」

「自分は通りすがりの者です。すみませんが、バッチリ寝ているように見えましたよ。大丈夫ですか？　寝たら死ぬ外気温ですよ」

私がそう言うと、目の前の黒衣の人は片手を差し出し「千円になります」と言った。

「えっ？　どういう意味です？」

起こしたら睡眠を妨害した罪で千円ということだろうか、やはり声をかけるべきじゃなかったなと後悔していると、黒衣の人はペラペラと喋りだした。

「あたしは辻の占い師です。その占い料金が千円なんです。あなたねえ、仕事は自営業かフリーランス系統でしょう。そして、出身は関西でしょう」

全て当たっていたので驚いた。凄腕の占い師なんだと驚いていると、相手は私の心を見透かすようにこう言った。

「こんなの占いでも、なんでもないですよ。あなた誰が見ても公務員や会社員にも見えないでしょう。それだったら、自営業かフリーランスの仕事でしょうし、言葉のイントネーションを聞いていたら、関西方面の人って誰だって分かります。さて、占ってよろしいですか？　あたしの占いは少しばかり変わっていまして、手相を見て一言伝えるだけなんです」

私は千円なら、ネタになりそうだし良いかと思い占って欲しいと伝えた。

「では占いますね。あなたこれから『映画みたいなことが起きますよ』」

「へ？」

「だからこれから『映画みたいなことが起きます』」

「よく意味が分からないんですが、他になんか分かることありますか？」

「他に占って欲しいことがございましたら、三千円になります」

急に三倍の値段を知らされ、私はじゃあいいですと断って夫の実家に戻った。

さっきまで美味しい食べ物や酒のおかげでいい気分でいたというのに、台無しだった。

きっとあの占い師は、寝たフリをして客を寄せてから、興味を引くようにたくみな話術で占いに持ち込みわざと訳の分からないことを伝えて、意味を聞くと高い値段を請求する。そういう手口の詐欺なのだと思った。

それに引っかかってしまった情けなさもあり、夫や親類には占い師のことは何も伝えなかった。


翌日、ファミリーレストランの「とんでん」で食事をとってから新千歳に移動し、伊丹行の飛行機に乗った。

飛行機は到着機の遅れの影響で、予定出発時刻を十五分過ぎてから空港を飛び立った。

それからしばらく経った時のことだった。ポーンというチャイム音と共に機内で医療関係者の方はいらっしゃいませんか？　という内容の放送が流れた。

見ると、斜め前に座っている乗客の顔が血の気がなく真っ青で、キャビンアテンダントが話しかけても反応がないようだった。

その後、医師だと名乗る若い男性二人が通路に、具合の悪そうな乗客の体を横たえ、AEDを起動させたり、何か慌ただしく処置を行っていた。

飛行機の機体は運悪く、気流の悪いところに差し掛かったせいで大きく上下に揺れ、機長判断で予定していた空港とは異なる場所へ、緊急着陸を行う可能性のあることもアナウンスで告げられた。

揺れる機体の中、額に汗して活動する医師やキャビンアテンダントの姿を見て私はつい「映画みたいだ……」と呟いてハッとなってしまった。

あの時の占い師はこのことを予見していたのだろうかと思ったからだ。

その後、倒れていた乗客の人はゆっくりと立ち上がり席に戻り、気流の悪いところも飛行機は抜けることが出来、定刻より三十分遅れで伊丹空港に着陸した。

そして、空港で待機していた救急車がすぐさま機体の横までサイレンを鳴らしながらやって来て、救急隊員が客室内から担架で具合を悪そうにしていた乗客を乗せて運び、引継ぎがあるのか、機内でずっとAED等の処置を行っていた医師二人も一緒に先に降りてしまった。

私も夫も飛行機の中でただ座っていただけだったが、どっと疲れて家にはタクシーで帰った。

すると、高速道路でスポーツカーと覆面パトカーによるカーチェイスを目撃してしまいまたもや私は「映画みたいだ……」と呟いてしまった。

それからしばらく、雨の中で殴り合うスーツ姿のヤクザや、橋げたの上からトム・クルーズの映画のワンシーンのようなポーズで川に飛び込んだ人を見たりと、つい「映画みたい」と呟いてしまう出来事に何度も遭遇してしまった。

これはあの占い師は本物だったのではないだろうか、三千円払えば何を占って貰えたんだろうかと気になって、あの冬以来、帰省するたびにススキノで探しているのだが、今のところ残念なことに再会出来ていない。

にせものの碑

大阪の枚方市《ひらかた》に、阿弖流為《アテルイ》の埋葬地があるんですよという話を聞いた。

阿弖流為は、八世紀末から九世紀初期頃にいたとされる蝦夷のリーダーで、朝廷と戦ったが坂上田村麻呂《さかのうえのたむらまろ》に捕らえられて、副将・母禮《モレ》と共に処刑されたとされる人物だ。

しかし、地元の郷土史家の方や枚方怪談サークル主催の三輪チサさんの話によると、枚方にある阿弖流為の埋葬地情報は眉唾らしいということが分かった。というのも、元々枚方には首塚だと言われる古墳があり、側に般若の面が飾ってある片埜《かたの》神社があるせいか、豪族もしくは鬼の墓ではないかという伝承があった程度で、ここで阿弖流為の処刑が行われた記録等は全く存在しないそうなのだ。

そもそも枚方に長年住んでいる知り合いに聞いてみたところ、あの碑が新しくできるまでは阿弖流為の話など聞いたことがないということだったし、私自身も二〇〇〇年代に入るまでそういった資料を見た記憶さえない。なのに、阿弖流為の碑ができてから急に阿弖流為が処刑されたのが枚方であるという色んな資料や説を見かけるようになってしまった。

そもそも阿弖流為のいた時代、この付近の土地は禁野であり、穢れを嫌う禁猟区近くでわざわざ処刑を行い亡骸を葬るだろうか？　ということや、阿弖流為の処刑の地について『日本紀略』に「即捉両虜斬於河内國□山」としか記されていないので、河内国のどこかとしか分からない。

ではどうして阿弖流為の墓ということになり、立派な石碑や案内板が枚方に建っているのかというと、それは一人の女性の夢が切っ掛けだったらしい。

ある日、枚方の公園でアイヌ風の恰好をした老人が、何か切々と訴える夢を見た女性がいた。その女性は夢が気になったので、市役所にこんな老人が出て来る夢を見たのですが……と、電話で伝えた。

そして、あの夢に出て来た老人がアイヌの酋長ではないか、そして今も成仏できずに苦しんでいて、そのことを夢を通じて自分に伝えたのではないかと思い、それから女性は公園の一角になぜか阿弖流為の霊を慰《なぐさ》めるために小さな柵を立てた。

　そして、いつの間にかここが阿弖流為の墓ということになり、ガイドブックや教科書に載るようになってしまった。

　アイヌの情報を扱っている書籍の中でも、阿弖流為の墓が枚方にあるとの記載を何冊も見かけた。それだけでなく慰霊祭も枚方で行われたようだった。

　一人の女性の夢が切っ掛けで、ただの何にもない公園の片隅の丘が阿弖流為の埋葬地ということで広報が行われ、立派な碑が建ち史実として広まっていったということなのだが、その経緯等に関心がある人は馬部隆弘氏の関連書籍等に詳しくまとめられているので、そちらに目を通すことをお勧めしたい。


　私がそのことを知って、阿弖流為の墓であると言われている公園の碑を枚方に見に行くと、予想していたよりも大きな石碑がドーンと建っていた。私が石碑の文字を写していると北海道から阿弖流為の最期の地を確かめにこの石碑を見に来たという方がいて、暗澹たる気持ちになってしまった。

その人にお節介かなと思いつつも、この石碑のなりたちを説明すると「それはそれで面白いですね」と言い、夢に纏わる不思議な話をしてくれた。

「私、長万部《おしゃまんべ》から来たんです。アイヌ民族の英雄のシャクシャインをずっと調べていて、松前藩との戦いをまとめた小冊子も出したこともあるんですよ。阿弖流為についても、何か書こうって思っています。そうですか、夢がきっかけで建った碑なんですね……。

私も夢で見た事や起きたことって、意味が必ずあると思ってしまうんです。知っていますか？　アイヌ民族はとても夢を大事にするんです。でも、夢は占いと同じで、受け取り方なんですよ。

その方は、夢で見た人を阿弖流為だと信じてしまった力が強かったから、こうなってしまったんでしょうね。

あまり言っても信じてくれないんですが、私は小さい頃から予知夢を沢山見ていて、デジャブもしょっちゅうなんです。今日、あなたと話すことも実は夢で見ていたんです。あ、この風景でここで人と話してたって、その場になって感じるんですよ。

強い夢、とくに出会った人が死んでしまう夢を見てしまうと、その夢を解かないといけないんです。一度、うっかり解き忘れてしまってその時のことをとても後悔しています。夢は見た人がそのままにしてしまってはいけない場合もあるんです」

なんだか初対面の人を相手にする話にしては、突拍子もない話だったので、正直言ってあっけに取られていると、彼女はこう続けた。

「これから先、この前の道路を走る車の色と車種が分かりますよ。夢で見たから。赤いワゴンカー、軽トラ、その後白いセダンが二台続けて通りますよ」

「はあ……」

その後一台のバイクが道を通り、それから彼女が言った通りの順番で車が通って行った。

誰か人を使えば、出来ないことはないし、本当に偶然だったのかも知れないがそこで気味が悪くなってきたので、私は夢解きの話等も気になったけれど、用事があるんでと言い訳をして、そそくさと去ることにした。

北海道の怪談を調べていて、夢に関する話を多く聞いた。

夢に関する伝承や文化についても、今後調べていきたいと思っている。

古潭石《こたんせき》

「サッポロ物の怪録」という怪談を語るイベント・ツアーの途中で、折角だからということで神居古潭《かむいこたん》に立ち寄った。

神居古潭は、アイヌ語で「カムイ（神）コタン（集落）」という意味で、古くよりアイヌの人々の聖地とされている。

一帯には英雄神サマイクルと魔神ニッネカムイに纏わる話が伝わっており、川の水は澄み、緑は色濃く、熊注意の看板さえ気にしなければ散策に最適な場所だった。

三十分程滞在し、そろそろ次のイベント会場に移動するとなった時に、同行者の一人北海道在住の怪談師匠平さんが売店の軒先にあった物を見て声を上げた。

なんだろうと私も気になったので売店に行ってみると、そこにあったのは濃緑色の拳大の石だった。

「田辺さんこれ、古潭石ですよ。カムイコタンでしか採取できない天然石で、霊石としても知られているんです。今はとても貴重で、なかなか買えないんですよ」

匠平さんは興奮気味に石の由来を語り、店主の人に値段を聞いていた。

店主は、筆談で石の値段を伝えるとサービスで茹でたてのトウキビをくれた。

私も気になったので、匠平さんが購入したのより一回り小さい大きさの、淡い灰色の古潭石を購入した。石には小さな紙が引っ付いていて、そこには古潭石についての説明文が描かれていた。

【古潭石は、溶岩が地殻変動の影響を受けて圧迫されて生み出された石です。深みのある黒や緑、鮮やかな青や藍色といった色合いが特徴として挙げられます。古潭石の緑のものは、輝緑といって特に人気が高く、価値があります。昔から神の力の宿る石として取引されていました】

説明文を読んだあと、気になったことがあったので匠平さんに聞いてみた。

「この古潭石って所謂パワーストーンみたいなもんですか？」

「そうですね。色々といいことがあるって噂ですよ」

滅多に売れない石が売れたのが嬉しいのか、店主は満面の笑顔で私達を見送ってくれた後、早くも店じまいを始めていた。今日一日分の売り上げに等しい額を石で稼いでしまったからだろうと、私と匠平さんは思い受け取ったトウキビを手に車に乗った。

イベント終了後、匠平さんから聞いた話になるが、彼が経営しているバーの入り口に古潭石を置いたところ客の数が目に見えて増えたという。

私もそれにあやかりたいと思い、いつも誰も来ない商店街の一室でやっている怪談会に古潭石を持って行ってみた。

すると、イベントは十八時スタートでいつも通り最初は誰も来なかったのだが、二十時近くになると三人の飛び込み客が入って来た。

その中の一名からこんな話を聞いた。

「こんばんはー。ここよく通りかかるんですけど、怪談会やってるの初めて見ました。早速語っていいですかね？　僕、実は北海道出身で江別に去年まで住んでいたんです。

そこで祖父が毎日拝んでいた家の神棚、本来なら鏡とか置かれてるご神体の場所に白い毛を束ねたような物が置かれているのが気になってて、理由を聞いたんです。

祖父が言うには、昔白いエゾシカを仕留めた男がいて、毛皮を剥いで小屋に敷き、自慢していたそうです。それで周りは皆祟りがあるんじゃないかって噂していたそうなんです。そして、大晦日に、その男が聞いたことのない言葉の歌を唄いながら、雪に塗《まみ》れて全身真っ白になって、祖父の前に現れたそうなんです。男の目が血走ってて赤くって不気味で、口の中も血で真っ赤だったそうです。

何かに取り憑かれているんだろうと、祖父は思ったそうですが、怖くって声が出せなかったらしく、その場で固まっていたら「これを祀ってくれ」って束になった白い毛を手渡されたといいます。その翌日に男は雪の残る川に浮いて死んでいたんです。

白い鹿の毛皮のあった家もその翌日不審火で燃え、その時炎の爆《は》ぜる音に交じって、男が出鱈目に歌っていた歌を祖父は聞いたと言っていました。

以来怖くなって、ずっとずっと住む家が変わってもどこへ行っても神棚にあの日貰った白い毛の束を祀って拝み続けていたらしいんです。そして、祖父は死んだらこんな面倒なこと誰にも継がせられないって言って、棺に白い毛を入れてくれって頼まれていたんで、僕が入れました」

飛び込みで入って来た男性の客は語り終えると、机の上に置いた古潭石に目を向けた。

「それ、古潭石ですか？」

「見ただけで分かるの凄いですね」

いくら北海道の人でも見ただけで石の種類が分かるとは思えず、驚いてしまった。

「当たりでしたか。

そんな気がしたんで言っただけです。その石、結構扱いが難しくって怖いことが起こることもあるんで気を付けて下さいね。

今日家に戻られたら布で包んで、しばらくは人に見せない方がいいですよ」

「見せたらどうなります？」

「割と嫌なことが起き■■■ますよ。じゃあ、次の予定があるんで失礼します」

ぺこっと頭を下げその男性は出て行った。何故か「起き」と「ますよ」の間に何か言っていたようだったが、その言葉を私は聞き取ることが出来なかった。

私は、何かあったらそれはそれで面白いなと思っていたこともあって、家に帰っても古潭石は布に包まず、しかも家族の目につくところにわざと置いておくことにした。

すると、夜に給湯器が壊れ、修理の電話をするとメーカーに部品がないとかで総とっかえになる上に、人が足りないという理由で交換に半月ほど掛かると言われた。

そして、給湯器が壊れている期間、水風呂に入るわけにもいかないので、銭湯に通うことに決めた。

するど。銭湯の帰りに、叫ぶ不審者に追いかけられたり、財布を落としたりと、偶然かも知れないが、割と嫌なことが幾つか起こった。

もういっかい

この話をしてくれたTさんの住む地域では、毎年暮れの辺りにドカッと大雪が降るが、年明け頃にその雪が溶けて、数日間好天が続くのだそうだ。

その後は荒れた天候が続くことが多いので、Tさんは新車を買ってからというもの、三ヶ日はずっと一人でドライブを楽しむのを毎年の恒例としていた。

仕事納めの日も正月の間はどこに行こうかなと、ドライブのことばかりを考えてしまっていた。去年と同じルートでもいいが、車中泊でうんと遠出するのもいい、どうしようかな……。

そんな風に考え続け、最終的にTさんは年明けは夜に出発して初日の出を見て帰るというルートを決めた。

好きな曲を大きな音で車内で聞きたいから、なるべく人のいない道路を選ぼう。

そう決めたTさんは家で餅を何個か入れたカップうどんを食べてから、夕方の五時過ぎにドライブに出かけた。

新年、外の空気はいつもより澄んでいて交通量も少なく空には銀の砂のような星々が輝いていた。

Tさんが住んでいる場所から四十分程車を走らせると、辺りは真っ暗な白樺林の中に差し掛かった。

既に行き交う車も殆どなく、Tさんは掛けていた曲の音量をあげた。そして曲に合わせてノリノリで歌いながら、数時間ドライブを楽しんだ。

夜も更け、塗りつぶしたような闇の中をヘッドライトが照らし、眠気に襲われないよう、更に曲をアップテンポのものに変更し、Tさんは熱唱した。

そして好きなアニメソングのサビに差し掛かった時に、それは起こった。

ドン!!　という音と共に、シートベルトを締めていたが首の骨が折れるかと思うほどの車が大きく跳ねあがったような衝撃を最初に感じた。

その後おそらく、数秒ほどTさんは意識を失い目を覚ますと、エアバッグに自分の出した鼻血がついていた。

「えっと、あ？　なんだったんだ？　えっと何とぶつかった？　人、もしかして、轢いた？」

愛車のフロント部分はぐちゃぐちゃに潰れていて、暗闇の中ビーっとクラクションがしばらくの間鳴り響いていた。ヘッドライトは割れて、片方しか点灯しておらず、ガソリンの臭いもした。

急に飛び出して来た人を轢いた可能性に思い当たったTさんは半狂乱になって、辺りを見回すと闇の中で巨大な何かが横たわっているのに気が付いた。

それは、大きなエゾシカだった。

おそらくオスで立派な角があり、鼻と口の辺りから血が少し滲んでいるように見えた。

Tさんがエゾシカに近づくと、鼻から白い湯気をブルルッと噴出した後に震えながらゆっくりと立ち上がり何事もなかったように闇の中に走り去っていってしまった。

車は紙のようにぐちゃぐちゃになったというのにタフだな、何事もなくって良かった。骨でも折れていたらあんな風に走れなかっただろうから、きっと大丈夫だったな、うん。

エゾシカが消えた後も、闇の中をしばらく眺めながらTさんはそんなことを思ったそうだ。

そして、この状態ならレッカー車を呼ばないといけないなとスマートフォンを取り出したのだが、生憎《あいにく》圏外だった。

「まいったな」

Tさんは車に戻り、キーを何度か回したがエンジンは掛からなかった。

元旦の深夜、周りには町も民家もないエリアで車も全く見かけない。

「どうしようかな、ヤバイな、これっ……」

風も吹き始め、気温がぐんぐん下がってくるのが体感だけでも分かるほどだった。

指先や足先は悴《かじか》みはじめ、歯もカチカチなり、頭には凍死の二文字が浮かんだ。

「さ、さむい。ど、どうしよう。ここに来るって誰にも言ってないし、車……多分来ないよな。歩いて助けを求めに行く？　でも、えっと充電……ナビ……道を歩いて行ったら……」

寒さのせいか、それともエゾシカによって受けた衝撃のせいか考えがまとまらず、Tさんはその場で体を擦りながら震えるしかなかった。

「エゾシカ……道にはいなかったから、飛び出して来たところを車にぶつかったんだよな。さ、寒い。どうしたら助かるだろう……体がギシギシするように感じる。これも寒さのせいなのかな、鼻や耳が痛いな、もっと着込んでくればよかった。ああ、何をしても寒いな、息をしても寒い……」

　独り言を呟いていると、どんどん惨めな気持ちになってきてTさんの目に涙が浮かんだ。

「T、だいじょうぶか？」

　その時、背後から声が聞こえた。振り返ると、去年他界した祖父が生前と変わらぬ姿で立っていた。

「お、おじいちゃん？」

　Tさんが問うと、相手は微笑んで頷いた。

　寒さやその時は混乱していたせいもあってか、死んだ祖父がいることについて、Tさんはさほど疑問には思わなかった。

「お、おじいちゃん寒い。死にそうなくらい辛い。どうしたらいい？」

　Tさんの問いに、祖父はこう答えた。

「あと四十分、ここで耐えられるか？」

「無理。寒すぎてあと一分だってここにいたくないくらい、辛い」

「T、それ以外助かる方法はないから。そして、気持ちを強く持てば、お前はあと四十分乗り切れる」

い始めた。

「ほ、ほんとう？」

Tさんはそこで、暗い気持ちを吹き飛ばそうとある女性歌手の曲を絶叫するように唄
そして歌い終えると、Tさんは祖父に聞いた。

「どれくらい、時間経った？　もうすぐ俺、助かるかな？」

「まだ五分も経ってない。次は一緒に歌うか？」

Tさんは頷き、その後、何度も何度も同じ曲をその場で歌い続けた。

祖父は時には一緒に歌い、時には拍手や合いの手を加え、Tさんの歌唱を手助けし続けた。

そして、手足の指や耳は千切れそうな程痛く、顔のあちこちが凍っているのを感じたけれど、なんだかふわふわと浮いているような気持ちになり、今自分がだんだん何をしているかTさんは分からなくなってきた。

歌っているのか、泣いているのか、叫んでいるのか、それさえも分からず、祖父の声を聞きながら冬の寒さに翻弄されていた。

唇はひび割れ、血が滲んでいるし喉も痛い。

そんな中でも、気を失ったり死を感じないで済んでいるのは、生者ではない祖父が時々声をかけてくれるおかげだった。

「もう少し頑張れるか？」

Tさんは震える声で「もう少しだけなら、なんとか」と答えた。

「ならあと、この歌をもういっかい歌えるか？」

「わかった。そうしたら、じいちゃん。俺、助かるの？」

祖父はTさんの問いかけには答えず、歌い始めた。

Tさんも追いかけるように同じ歌を歌いはじめ、最後まで歌いきった。

「ちょっとテンポが速かったな、もういっかい！　今度こそ次で最後だ。歌いきればお前は助かる」

「もういっかい!!」と叫んでから、Tさんは熱唱し歌を丁度終えたところでパァーンというクラクションを聞いた。

見ると、トラックのライトが道路を照らしながら走って来るのが分かった。

「じいちゃん、ありがとう。じいちゃんのおかげで、この寒い中、俺がんばれたよ。ありがとう」灯りを見ながらそう言って、振り返った時にはそこにはもう誰もいなかった。

Tさんはトラックドライバーに助けられて、帰宅した後に実家に戻って仏壇の祖父の位牌に手を合わせたという。するとふふっと笑うように、位牌が左右に揺れたそうだ。

ちなみに、エゾシカで壊れた車は保険も下りず、散々な目にあってしまったTさんだが、未だに懲りず知り合いから車を購入して、新年のドライブを企画している。

幽霊の慰霊碑

これは、元自衛隊のJさんに聞いたお話です。

「私は昭和の頃に陸上自衛隊に入隊しました。職種は「機甲科」で戦車乗員です。配属された駐屯地は「戦車部隊のメッカ」と呼ばれる北海道の道央にある駐屯地でした。最新鋭の戦車が配備され、昨今の戦車削減で今は台数もかなり減ってしまいましたが、当時は戦車部隊としては最大規模の戦車群や、戦車連隊が二個連隊も駐屯していました。私のいた駐屯地は最新の戦車はあっても生活する隊舎は旧式で、当時から既に老朽化していたのですが、東西冷戦下だったので、なんと一部屋に十六人もの隊員が生活していました。

部屋は狭く、全て二段ベッドで、外出なんて半年くらいは出来ず、辞める者や逃げる者、自殺する者も多くいました。

あまりこの辺りのことを話すと、ネガティブな話題ばかりになってしまうので言わないでおきます。

そういう時代でもあったのですが、バブルの時代の好景気になると自衛隊に入隊する者は激減してしまい、生活の改善を図るようになりました。

新しい隊舎が建てられ、一個連隊が他駐屯地へ移駐して行きました。そうなると新しい隊舎へは別の部隊が入り、我が連隊は古い隊舎へ引っ越しということになりました。

そうして一部屋六人となり、二段ベッドもなくなり、生活はだいぶ改善されたかに思いましたが……。

引っ越しの際、元居た隊舎の部屋は全てキレイにピッカピカにして出るルールがありました。その清掃の最中、連隊長要望事項とか書かれた「額」の裏にある御札を見つけた隊員がいたのです。全てピカピカにしなくてはならないので、壁に貼られたお札も当然剥がすことになります。

でも、強力な洗剤を使っても御札がなかなか剥がれないのです。

こういう場合、一番下っ端の新兵にやらせることになっています。自衛隊ってそういう組織ですから。

当時私は中堅陸士長だったので、若い隊員が懸命に御札を剥がすのを眺めていました。

長い時間をかけて、やっとお札も全て剥がすことが出来ました。

そして、引っ越しも終わった頃、元居た隊舎に別の戦車中隊が入ったのですが、いろんな噂が聞こえて来ました。

その噂がどんなものだったかというと「幽霊が出る」という内容でした。

鏡に知らない顔が映るので、洗面所やトイレの鏡を取り外したとか、毎晩知らない隊員が居室に入って来て……というような噂はよく聞きました。

私達が新しく入った隊舎も幽霊が出ました。

後で知ったのですが、我々が入る前に出て行った部隊も同様に御札を剥がして行ったのだそうです。お札が貼られていたのが娯楽室だったそうで、そのせいか特に娯楽室は出ましたね。当直が仮眠していたら首を絞められたとか、金縛りに遭ったとか、そういうのはほぼ毎日のように聞きました。

自衛官は幽霊が出るからと引っ越しも出来ませんし、困った話なんですよね」

このJさんの話を聞いた後に、親戚の元自衛隊の人に色々と聞いてみた。

すると、同じような体験が親戚にもあると知った。

あまりにも金縛りが酷い隊員がいて、夜お札を腹の上に乗せて眠っていたこともあったそうだ。

だが、そのお札がどんな物で何が書いてあったのか、どうしても思い出すことができず、未だに交流のある元自の隊員に聞いてみたところ、彼らも同様にお札の紙質やくたびれ具合、どこにシミがついていたかさえ思い出せるのに、何が書かれていたかは思い出すことができなかったそうだ。

自衛隊・警衛勤務の怪談

これも元自衛隊のJさんから聞いた話だ。

「北海道の自衛隊怪談で、今回は警衛勤務編です。

警衛勤務とは特別勤務の一つで、駐屯地の営門で「警備」の任務を行います。専門の警備の隊員ではなく、駐屯している各部隊が毎日持ち回りで「警衛隊」を編成して二十四時間で勤務を行っています。

警衛は営門出入者のチェックを行ったり、夜間は動哨という駐屯地内を周って警戒するのが主な仕事です。

自衛隊は訓練ばかりしていますが、警衛勤務は実戦なのでより厳しく厳正な勤務が求められます。

警衛の怪談といえば夜間の動哨警戒中の話がほとんどです。

駐屯地では、深夜に二人一組で複哨となって動哨するのが基本でしたが、一個戦車連隊が他駐屯地へ移駐してしまい、駐屯地の人員が減ったことで警衛勤務が多くなったことから警衛隊員を減らし一人で動哨することになりました。

そして、その駐屯地は心霊スポットとしても知られた場所でした。

つまり心霊スポットを一人深夜に強制的に周らされるのです。

旧日本陸軍の時代は警衛を衛兵と言いましたが、その時代から先輩の古参兵や上官から「あそこには幽霊が出るから気を付けろよ」と上番する時に怪談を一つ聞かせる伝統があって自衛隊もそういうことをわざわざ語るのでした。

動哨中は決められたルートを周ります。

多くは外柵沿いで、動哨の最中に不審者が侵入していないかも大事なのですが、一番大事なのは「巡察」でした。

巡察とは警衛隊とは別に各部隊の「当直幹部」が夜間に周ることで、巡察は警衛司令より上の幹部から二曹の古参が周るので、巡察を発見したならば隠れて「誰何《すいか》」をしなければならないのです。

誰何とは「誰か！」と声をかけ、相手を停止させ合言葉を言わせます。

この合言葉に答えられない時は規則で「捕らえるか、または刺・射殺すべし」となっています。

合言葉が合うと、巡察の前へ出て報告するのですが、その後に巡察に規則とかいろいろ質問されるのです。なので、事前に勉強していないと恥をかくので、巡察を発見しても隠れて誰何しない奴もいますが、私は大得意で、どんな質問も答えられる自信があったので積極的に誰何しました。

背後から誰何すると飛び上がって驚く巡察もいたり、合言葉を忘れていたり、面白いことも多いので楽しかったです。

これは、深夜二時頃に私が動哨に上番した時のことです。経路は裏門から表門でした。

裏門は演習場へ繋がる戦車道のある門で、真っ暗で人気は昼間でも全くないところです。

周りには器材庫と呼ばれる大きな戦車を整備する整備工場のような建物が三つ並んでいました。

この器材庫はここの駐屯地にはたくさんありましたが、鉄筋が剥き出しで、どこの器材庫でも過去に一人や二人は首を吊っている話がありました。

二人で周っている頃は怖いことはなかったですが一人だとやっぱり気味が悪く寂しい場所です。

当時、所持していた武器は警棒（木製）と木銃（銃剣道で使う木製の銃）でした。今は小銃を携行しているそうですが、昔「朝霞事件」で過激派に狙われた事件があって、その影響で木製だったそうです。

私は双眼鏡で経路上を警戒しつつ前進していると、器材庫付近で中から物音が聞こえました。電気は点いておらず、近くに戦車も置いてあったので侵入者か否かの確認をしなければいけません。

ただ器材庫の扉は一人で開けられないくらい重く、ドア式の扉は鍵がかかっていました。侵入者が居たら気づかれるといけないので、懐中電灯は点けず、扉の隙間から中を覗きました。辺りは真っ暗でしたがそれでも、戦車の黒いシルエットが見えました。

扉の隙間がこぶし一つ分ほど開いていたので押すと、少しだけ動いたので、私は無理くり中へ入りました。

暗い中、周辺を目を凝らしながら木銃を構えつつ音を立てずに探索しました。

すると戦車の履帯《りたい》（キャタピラのこと）の下付近に何か居るのに気が付きました。

「誰か！」と私は誰何しました。答えはありません。

その場合、捕らえるしかありません。

懐中電灯を点けると、驚いたことに頭から血だらけの二尉の階級章を付けた幹部自衛官がいました。

幹部の顔はよく知った人でした。

どのように知っていたかというと、訓練中の事故で殉職した方で、この時期いろんなところで幽霊になって出ていたからです。

「〇〇二尉」と呟くと消えました。

この幹部の幽霊が出る話はとても多く、話をしたら「またか……」で終わりましたね。

現在は全く出なくなったとは聞いています」

自衛隊の風呂

きっとこれは私の霊障なのか祟りなのか、何者かに呪われているのか……。冗談はさておきまして、自衛隊のお風呂で起きた話です。

自衛隊の風呂はとても大きく、まさに大浴場です。

新隊員として入隊すると大きな風呂が幾つもある浴場に面食らうほどでしたが、昨今はこういう風呂も減ったようですね。

自衛隊とはおかしなところで、十八歳のいたいけな新兵が股間をタオルで隠すと「おい、何隠しているんだ!?」と班長に叱られ、隠すことを許されません。ところが、人によってはタオルを外さないように言われる場合があります。いつもタオルで隠している人がいたので、別隊の隊長が注意をしてタオルを外させました。すると、途端に班長は直立不動となり敬礼をするのです。「おみそれしました。大砲ですね」と……。ちなみにその人は本当に戦車乗りだったそうです。下ネタ失礼致しました。

そんな自衛隊の風呂ですが、今回お話するのは駐屯地の風呂ではなく、演習場の風呂です。

通常は演習場には風呂の設備はありません。演習中に入浴なんて出来ませんからね。よく災害の時に野外の風呂とか使われますが、ああいう風呂も演習で使ったことはありませんでした。

日本一面積の広い演習場が北海道の道東にあります。

ここでは毎年、内地から一個師団が「転地訓練」で一ヶ月くらいやって来て演習をします。というのも、北海道は未だ冷戦時代と変わらず北方の護りを夏季に増やすことを目的として、転地訓練が行われているのです。

長期間演習すると当然風呂にも入りたい。そういう演習部隊のため、演習場に風呂があります。でも、演習といっても四六時中「状況下」の演習をしている訳ではなく、清潔さを保つ必要もあるのでいろんな部隊が入浴します。北海道の部隊だけじゃなく、内地の部隊も入浴するのでもう大変です。

そのため演習部隊から「作業員」として「浴湯当番《よくとうとうばん》」が出るのです。

陸曹（下士官）一名に陸士（兵）一名の二名で行い、仕事は風呂の管理と清掃が主なんですが、訓練や演習終わりで入浴する隊員ですからね、汚れて大変です。入浴時間も決まっていますし、遅くに行くと湯が残ってませんから、トラブルも多かったですね。

食事の恨みも恐いですが、入浴の恨みも恐ろしいのです。

課業中は清掃です。誰もいない大浴場をブラシと洗剤でゴシゴシ擦り、ゴミを片付け、脱衣所もきれいにします。汚れは髪の毛一本許されません。

しかし、作業初日から奇妙なことが起きました。

清掃を終え、陸曹に報告に行くルールがあるので「班長、清掃終わりました」と報告しました。陸曹のことを「班長」とよく呼びますが、編成上の班長でなくてもそう呼ぶのです。

そして浴場の点検に班長と向かうのですが、すると「おい！　これは何だ！　ゴミがあるじゃないかちゃんと片付けろ!!」と怒られました。

変だな、あれだけ何度も入念に確認してゴミはちゃんと片づけたのに。見落としたかな？

そんなことを考えながら再度確認を行ったところ、出て来たのは安全カミソリでした。

あんな大きな物見落とす筈がないのに、そんな風に首を傾げながら手で摘まんで、安全カミソリを紙に包みました。

翌日も同じことがありました。昨日と同じ場所に「安全カミソリ」があったのです。昨日のことのようなことがないように、目を皿にようにして隅々までチェックしていたのに……。

錆びた安全カミソリは、そんな姿をあざ笑うかのように、落ちていたのです。

課業が終わると入浴に隊員が押しかけます。浴湯当番の特権は一番風呂です。大きな風呂に班長と二人だけで入浴します。

その日は入浴しようと脱衣所で服を脱いでいたら、浴場で誰かが入って会話して響いている声が聞こえたので「班長、誰かいるんですかね？」と声をかけました。

入り口は未だ鍵がかかっているし、まだ課業中だから入浴する者はいない筈ですが「変だな不審者かも知れない」と二人で浴場を確認することにしました。

しかし誰もおらず、風呂には誰かいたかのように、水の波紋が広がっていました。

そして「おい！」と班長が指をさした先には、安全カミソリが同じ場所にありました。

「さっき点検した時にはなかった筈なのに……だからあるわけないのに……」思わず口か

らそんな言葉が漏れました。

「ここには何かいるな。見なかったことにして忘れろ」と言われ、翌日も清掃後に安全カミソリのゴミがありましたが、班長はもう何もいいませんでした。

安全カミソリで首を切って自死した隊員がいたという噂もありましたが、あの風呂場との関連は分かりません。

その後別の隊員が確認した日も、錆びた安全カミソリが同じ場所にあったそうです。

支笏湖《しこっこ》

支笏湖は、今から約四万年前に起きた激しい火山活動によってできたカルデラ湖で、名前の由来はアイヌ語の「シ・コッ」（大きな窪地）だそうです。

この湖に纏わる怪談は多くあって、この話は自衛隊関係の記事を手掛けるライターの方から聞いた話です。

「支笏湖は北海道の中でも有名な心霊スポットなんですよ。

レンジャーには支笏湖に夜間「水路潜入」という訓練があります。

どんな内容かと言いますと、深夜に支笏湖の湖畔からゴムボートに乗ってレンジャー隊が潜入するのです。

私は取材担当者として、出発するところまでレンジャー隊と同行し、後はゴールの潜入地点で待つということで、夜間一人潜入地点に先行していました。

支笏湖の怪談は自衛隊仲間の間でもいろいろと聞くのですが、深夜とはいえ訓練中の緊張感もあってか、怖さは感じていませんでした。

でも、そういう油断している時に不意打ちってあります。

自衛隊のレンジャーですから、人のいるような場所から上陸はせず人気のない場所から上陸し潜入する「想定」で行っていました。

なので、私は人気のない支笏湖で一人、上陸するレンジャーを深夜の暗闇の中待っていたのです。

取材ですのでカメラを構え、シーンと静まり返った支笏湖でいつ到着するか分からないレンジャーを待っていました。予定時間というのがないので、数時間待つこともあるのは知っていたので、じーっと暗い湖の水面を眺めていた時のことです。

二時間くらい居た頃でしょうか。何か視線を感じて来ました。

周りは目の前は湖、後ろは草深い山です。こんな時間に人もいないでしょうし、人気のないような場所で肝試しにもし来ている人がいたら、懐中電灯の灯りなり、音なりあるはずです。キタキツネやエゾシカ、羆《ヒグマ》だろうかと、怖くなりました。

音を立てずに潜んでいる何かの気配は相変わらず、ずっと感じます。

そこで、後ろを何気なく振り返ったら、老婆が立っていました。

えぇぇぇぇぇぇ!!　って声が出そうになりましたが、そこは私、実は元自衛官で、レンジャーでは「愚痴と悲鳴は止めよ」と訓練されてきた経験があります。なんとか叫び声は押し殺しました。

それにしてもこんな静寂の中で背後をとられるなんて……元レンジャーなのに不覚だと反省しつつ「あの～こんばんは」とつい老婆に挨拶してしまいました。

そうすると「にい」っと老婆は口をゆがめて笑ってから、目の前で消えてしまいました。

どうしよう……見間違いじゃないよな？　はっきり見えたけれど、あれは誰だったの？　確かめたいけれど、レンジャーが上陸するのを撮影して取材しないといけないし……この間にみんなが湖から出て来て、幽霊が出たと逃げ出したなんて言われたくないし……。

心の葛藤がありましたが、まぁ祟られた訳じゃないし、ちゃんと挨拶したし、丈夫だろうと、そのままその位置に留まりました。

そうしている内に夜が明け出しました。夜間の潜入は失敗してしまったんだろうかと考えていると、遠くに水しぶきを上げるレンジャーのゴムボートが見えて来ました。

さっきまで生じていた怖さはなくなり、カメラを取り出し、シャッターを切りながらレンジャーの上陸を見守っていました。

パシャッ、パシャパシャ。

私はレンジャーが続々と上陸する様子を撮影しました。

最後に、教官、助教が上陸し、教官が「お疲れ様でした。かなり待ったでしょう」と労《ねぎら》ってくれました。

そして「あれ？　もう一人いませんでしたか？　ボートから見たらもうひとり小柄な老婆が見えましたけれど」と言われてぞわってしまいました。

白い髪の毛で横にずっといるようにゴムボートからは見えていたそうです。

支笏湖では過去にレンジャー学生が数名殉職しています。

これが殉職した自衛官ならまだ関連が分かるのですが、どうして老婆が出て来たのかは不明なままです。

めんこちゃん

「幽霊なんかに出くわすより、熊にあう方がずっと恐ろしい。怖い話といえば熊」

北海道で怪談取材をしていると、よく言われるセリフの一つだ。

今では信じられないが、一九七〇年代頃までは、道内の土産物屋の軒先に子熊が飼われていることがあった。

この話をしてくれたAさんによると、熊の赤ちゃんは生きているぬいぐるみのように愛らしく、どんな動物の赤ちゃんも敵わないほどの愛らしさだったという。

「黒い黒曜石みたいな目をキラキラさせた子熊が、土産物の軒先ででんぐり返りしたり、手をちょいちょいって振って見せたりするんですよ。熊は頭がいいですからね。簡単な芸なら仕込めば出来たみたいだし、人のまねをする姿も何度も見ましたよ。

観光客とかはかわいいって言って、その辺で買った焼きとうきびなんかあげたりしちゃうんです。それを夢中で、くまのプーさんみたいに口の周りや手とかベタベタにしながら食べるんですよね。

すると、お婆さんが熊を見てかわいいを連呼している観光客の横に立って、うちで何か買って行きなさいって勧めるんです。

そうすると売る上げが増えるでしょう。だから、客引きとして飼う人が本当に多くいたんです。でも当然、熊は大きくなるんですよ。

そうするとお婆さんの手に負えなくなるから、育ちきる前に殺してしまうんです。猟師に頼んだり、中には水に檻ごと沈めてしまうなんて酷いことする人もいたみたいです。

とある店のお婆さんは、数年ごとに育った熊を店の近くにあった湖に放り込んで溺死させてたって聞きました。

だからか、そのお婆さん晩年に、あなたは熊の○○、あんたは熊の□□って熊の名前を呼びながら自分で自分の胸をガーって掻き毟って、亡くなっていたとか。

そういう話の時代だと思って、これから僕の話を聞いて下さい。

僕の父が昔、住んでいた町は近くに温泉があって、観光客が立ち寄る場所でした。

そこに一人暮らしのお婆さんが民芸品や菓子やらを売る店を営んでいて、ある日、猟師が熊の赤ちゃんを捕らえて来たので飼わないかと持ち掛けたそうです。

お婆さんは悩んだんですが、誰も飼わないようならこの子は肝を取るために殺されると聞き、貯めていたお金を使って熊の赤ちゃんを購入しました。

お婆さんはその日から、熊を孫のように可愛がりだしました。ミルクを毎日何度も与え手作りの服も着せてやり、風呂も一緒に入るし、布団も一緒といった具合です。

店にいる間もずっと一緒で、かわいい熊の赤ちゃんのおかげで実際売り上げも増えた。町で一緒に散歩すると、熊も人から菓子なんかを貰ったりする。

お婆さんはそんな熊の子を「めんこちゃん」と呼んでいつも可愛がっていました。

「めんこちゃんのおかげで、店に立ち寄る人が増えて嬉しい」「めんこちゃんのおかげで、毎日が楽しいわ」

でも、野生動物と人の時間は違います。最初は生きたテディベアのようだった子熊は直ぐにお婆さんよりも大きくなってしまいました。

流石に近所の人の苦情もあったので、お婆さんは熊を放し飼いにせず、店の軒先に首輪と鎖でつなぐようになっていましたが、以前と同じように「めんこちゃん、めんこちゃん」と呼んで可愛がっていました。

だけど、細い鎖は犬用でかなり頼りなく見えたこともあって、お婆さんの店に近づく人もお客も減ってしまいました。

それだけでなく、早くあの熊を処分しろという人も出て来る始末でしたが、お婆さんは全く取り合いませんでした。

「この子はわたしの子も同然なんです。もう、人間と一緒ですから、誰かに怪我をさせたりなんかするわけがないでしょう」

赤ん坊の頃からずっと一緒に暮らしていた熊だったので、そんな風に思うのも当然だったのかも知れません。でも、生まれついての野生の血が勝ってしまう残酷な時が突然、訪れてしまいました。

ある晩、言葉では表現出来ないような凄い音が、お婆さんの店の方から聞こえました。

皆が、あの「めんこちゃん」と呼ばれていた熊の仕業だと、咄嗟に思ったそうです。

勇気を出して、夜近くまで行った人もいたそうですが、ばたんばたんと何かを引き倒すような音を聞いただけで、腰が引けてしまい、結局そのまま帰ってしまいました。

翌朝、恐る恐る数名の近隣の人達がお婆さんの店に行ってみると、店は破れた提灯のような状態になっていて、ずるずると何かを引きずったような痕が血と共に藪の方に続いていました。

店の中にはお婆さんの抜けた白い髪の毛が、血と一緒に落ちていて、黄色い吐しゃ物のような物も壁にへばりついていたそうです。

その後、山狩りをしたのですが熊もお婆さんも見つからず、店も解体されてしまいこういうことがあったというのも覚えている人が少なくなってしまいました。

でも、私の父が久しぶりに帰郷し山菜を採りに山に入った日のことです。ぶわっと急に風に乗って濃い、獣臭を感じました。

犬や狐ではない、大型の獣が放つ臭いだ。これは熊に違いないと思った父はその場で動けなくなりました。数十秒後、父の予想は当たり藪をガサガサと鳴らして大きな熊が現れ、すくっと父の前で後ろ足で立ってみせたそうです。

本当に大きな熊で、父の目には二メートルを超えているように見えたと言います。熊が父の前で口を開くと、獣臭さはより強くなりました。

ああ、どうしよう。もしかしたらここで死ぬのかなと父は思いました。

「めんこちゃんは、わたしの宝物。めんこちゃんはずうっと一緒にいてちょうだいね。めんこちゃんとあたしは、一緒にいられて幸せ」

熊の口から発せられたのは、かつて店にいたお婆さんと同じ声で、しかも人の言葉でした。

父は野生の熊の前で、背中を見せて走るのは自殺行為同然だと知っていたのですが、叫び声を上げながら、全速力で走って山を駆けおりたそうです。

しかし、不思議なことにクマは追って来ず、父が逃げている間もずっと背中から「めんこちゃん、めんこちゃん。ずうっと、あたしはめんこちゃんと一緒」という声が聞こえ続けていました。

これが、あのお婆さんを食べた熊は、霊に乗っ取られてしまったのかなと、父が青ざめた顔で思い出しながら語ってくれた話です。

じょぼじょぼ

脱サラして、兄弟で道内に農場を始めたNさんは、ある日敷地内を掘り返していたところとんでもないものを見つけてしまった。

それは飴色や茶褐色に変色した骨で、どう見ても人のものらしかった。

携帯電話は圏外だったので、家に走って戻り震える手で警察に連絡した。

警察官の対応は予想以上にあっさりしており、詳細は異なるが、こんな内容の反応だったそうだ。

「ああ多分それ、タコの骨でしょう。この辺りで掘り返すとよく見つかるんです。ゴミ捨て場を新しく作ろうとしてこないだも見つかったって通報がありましたから。事件性はないと思いますが確認に伺います。動かしたり触ったりしないで下さい」

数時間後、パトカーでやって来た警察官は、骨を撤去すると去って行った。

その日からNさんは仕事中に、人がじっと後ろに立っている気配を感じるようになった。振り返っても誰もいない。一人でいると、「さみぃ」とか「苦しい」「痛い」と男の声が聞こえたり、暗がりに誰かが蹲っている影が見えるようになった。

食事中も呻き声や「いいなあ……」と呟くような声が、生臭い吐息と共に耳元で聞こえたこともあって、日に日に気鬱な時間が増えていった。

兄に相談しても、人骨を見たショックでしばらくすれば治るだろうとしか言ってくれないし、本人もそう思っていたらしい。

でも、毎日感じる誰か分からない複数の男の気配は、どうも頭で作り出した幻というにはリアリティがあり、自分への悪意や嫉妬が感じられた。

お祓い等に行くべきだろうか。でもこんな田舎に誰が来てくれるというだろう。

噂になるのも馬鹿らしいし、来る人が本当に霊能力とやらがあるかどうかも分からない。

そんな風に悩んだNさんは、自己流のお祓いをこっそり試したり、塩をポケットに入れたり、骨を見つけた穴に線香を供えたり、花を手向けてみたりしたが効果は全くなかった。

「辛いようぅ、痛いよう」布団に入っても側で、手を擦り合わせながらそんな風に呟く男の気配がする。

そんな毎日に心底嫌気がさして、色んな思いつく方法を試してみたものの解決するような兆しさえなく、仕事にも身が入らなくなってきた。

兄にどやされ、業務上のミスも増えるしイライラする。しかもその様子を側にいる、生者じゃない連中が眺めて嘲笑っているような気がしたが、目を凝らすと相手は姿を消し触れることさえ出来ない。


冬の寒さ厳しい日の朝、霧の中でNさんが作業をしていると、いつものようにすすり泣きや、寒い……痛い……食べたいよう、帰りたい……等の声が聞こえはじめた。

ミルク色の濃い霧のせいか、死者の姿がいつもより鮮明に見える気がしていたが、Nさんは話しかけたりしても過去に一度として反応があったことがないので無視をしていた。

しばらくすると、Nさんは急激な尿意に襲われた。母屋にあるトイレまでは我慢出来そうになかったので、その場ですることにした。

ジーンズのジッパーを下ろした時、相変わらず恨み言を呟いている影に向かってじょぼじょぼと勢いよく放尿をすると、少し気が晴れた。

ちなみにこの話を聞いた時「いつもより勢いよく出て、なんというか非情に爽快な気分で出したんです」と語るNさんの前で、私はビールを飲んでいた。

そして、しばらくして放尿を終えて気が付けば、あの声が止まっていた。

それだけでなく、その日以来、一切、声を聞いたり影を見るようなことがなくなった。

幽霊には放尿が利くのかも知れない。そうNさんは思ったそうだ。

この話、取材したもののあまりにも内容が内容なので実は没にしようかなと思っていた。

しかし、後日事故物件住みます芸人の松原タニシさんが、恐怖に放尿が打ち勝った話をしてくれて、熱いじょぼじょぼと注がれる尿が生きる！　という命の実感のように思ったというような内容だったので、この話と不思議な繋がりを感じ載せることに決めた。

ちなみに松原タニシさんの名誉にも関わることなので言っておくけれど、彼の場合はご自身で借りている、事故物件の血塗れの便所での放尿に関するエピソードであって、外でしたのではないということを読者の皆様に伝えておきたい。

タコの怪談

今回、取材でタコと呼ばれていた労働者に纏わる怪談を多く聞いた。
その中の一部を紹介しようと思う。個人的な情報を含まないで欲しいという語り部も多くいたので、複数の証言をまとめた内容を許可の元掲載することに決めた。

～♪枕木に並んだタコの首、うめき声か、泣き声か、タコは死んでも仏にゃなれぬ
線路重しと泣きながら、地面が固いと泣きながら、飯が欲しいと泣きながら、タコと呼ばれて死んで行く～♪

確かこんな歌だったかなあ？　元タコだったって男がよく歌っていたんですよ。
タコと呼ばれた道路や線路を敷くのに雇われた土木労働者はね、丸太を枕にして寝てい

たんです。それで、枕の端をコーンとハンマーで叩かれて朝は起こされる。

真冬でもシラミや蚤《のみ》だらけのペラペラな毛布を支給されるだけでね、ずっと同じ姿勢でじっと寝ていたら、足の指先や顔の鼻が凍傷でやられちゃうもんだから手で時々擦りながら横になるんです。充分に寝られる夜なんてありません。寒いし、臭いし、ひもじいし、痛いから。そういう状況だとね、どんなに疲れていたって、深く眠れないんです。

でも、たまあに深く眠ってしまってね、凍傷で指先が真っ黒になってしまったタコもいたんです。そうするとね、本当ならすぐ医者に行って、指を落とさなきゃいけないんですが、タコを医者に見せると金がかかるっていうんで、そのままにされてしまうんです。薬なんかも支給されることはありません。お金がやっぱりかかってしまうんで。消毒薬一つ出さないんです。それだけ人の命が安く見積もられた時代があったんです。

凍傷を放っておくとね、血が通わなくなった部分が、墨のようにどす黒くなってくる。

その黒い部分がどんどん広がって、腕の当たりまできて毒が回って死んでしまうんです。死ななかったとしても、そうなったら腕も動かないし労働力にならないんで、生き埋めにされました。そういうことなんです。

タコは何故、タコと呼ばれているかは、色んな説があってハッキリしないんです。

自分の足を喰う蛸みたいに、どんどん逃げ場がなくなってにっちもさっちもいかなくなるからとか、道外から連れて来られた他雇（たこ）の者が多かったからだとか、糸が切れた凧みたいに脱走したら戻って来なかったからとか色んな由来があるみたいですね。

脱走なんてしたくっても出来やしないし、成功なんてまずしませんがね。

大きな狼みたいな犬連れた固い樫の棒を持った棒頭っていうのがいて、脱走したら地獄の果てまで追ってくるんです。脱走者は生きたまま犬の餌になるか、棒で全身の骨が折れるまで叩かれました。裸で逆さまにして木に縛り付けられるタコもいたそうです。

そうすると、血が頭に上がって気絶もできないし、簡単に死ねず、長く苦しむんです。鼻や口から血を吐いて、激しい頭痛と息苦しさを味わいながら全身に虫が集《たか》ってね……まだ殴られて殺された方が幸せだねって、見てた連中は言い合ったそうです。

やっぱりね、脱走なんて考えるなって見せしめのためにそういう風に苦しむような方法で殺されるんです。

何人もそうやってタコが殺された場所があって、木の側を夜に通りかかるとごぼごぼとうがいするような音に交じって「虫が、虫が」とか「苦しい、おっかあ」「かゆい、いたいし、しにてえ」って声が聞こえると気味悪がってた連中が何人もいましたよ。逆さに吊るされると血が上るでしょう。だから、ごぼごぼ血泡を吹いて喉鳴らして死ぬんです。喋れはしませんがね。心の声でね、きっと苦しいとか虫がって言い続けてたんでしょうねえ、死ぬまで。その声があの場所に残っているんですよ。もう何十年も経つのに、ずっとずううっとね。嫌な声なんです。本当に。胸がぎゅうっと聞いただけで苦しくなるような声なんです。

ああ、思い出しました。手足の骨を砕かれて、くにゃくにゃのタコみたいな姿にされて、道に脱走者が捨てられるから、タコという説もあるって聞いたことがあります。

だからですねえ、夜、汽車に乗るとタコの幽霊がそっと車内に立ってるのが見えることがあるんです。

線路の脇で青い人魂が沸くって近所で噂になっていた場所があって、掘ったらごろごろ骨が出て来てタコがここでまとまって埋まってたからって話題になったこともありました。見るからに古い骨だったからか、警察呼んでもがさっと袋にまとめて持ってかれてそんでどうなったかとか後から報せもなかったですね。

焼いて、どこかの合同墓にでも入れられたかなあ？

タコの生まれ変わりだって言われる子もいましたね。生まれる前日に母親の枕元で青白い顔したガリガリに痩せたタコの幽霊が立ってて、腹に潜りこむところを親父が見たからだって聞きました。

同じクラスの子でしたが、普通と違ったとこはね、痩せの大食いで幾ら食べても太らないし、いつも空腹だったことですかね。あんまり腹が減って仕方がない時は、よく隠し持っていた味噌を教室のすみっこで嘗《な》めてました。それもそいつの親父からはタコの馳走は生味噌だったからだって随分嫌そうに言われていたそうです。

内地から来た、口寄せ出来るっていう婆さんが来て、タコを寄せていたのを見たことがあります。しかもね、国鉄の職員が呼んだって話なんです。タコの幽霊が線路の脇に立ってたり、線路の脇にしがみついてて、夜なんかは生きてる人間と見分けがあまりつかなくって、ややこしいからどうにかしてくれってね。

タコを寄せたその婆さん、供養塔や碑を建ててくれって言ったそうですが、誰も約束を守らなかったそうで、そのせいかどうかは分かりませんが、しばらく町に滞在して、内地に帰る船が来た時に、海に落ちて死にました。

層雲峡《そううんきょう》温泉に夫婦で行った帰りにね、車運転してたらおおーい止まってくれえって半裸のガリガリに痩せた男が手を振って藪の中から飛び出して来たの。

ただごとじゃないと思って、車止めてさ、その人に「どうしたんですか」って言ったら、ともかく追われてるから逃がしてくれとしか言わないの。警察に電話するからって携帯電話出してかけたんだけど、電波状態が悪くってなかなか繋がらなくってねえ、その間もずっと追われているから逃がしてくれと、繰り返し繰り返し言ってた。

ガタガタ震えてて、骨と皮ばかりだし酷い臭いだったし、目もこうぎろっと半分飛び出してるような感じで、側にいるだけでおっかない感じだったね。

「パトカー来るまで随分かかるみたいだけど」って言ってそんな男の方見たら目の前でパッと消えたの。パッとよパッと、手品みたいに。

パトカーで来た警察官には、男が消えたなんて正直に言ったら頭がどうかしたって思われそうだから、目を離したらどこかに消えたみたいですって伝えたけどね。警察官も分かってたのかな、なんかああそうって感じだったね。

そんで、帰りに車の中であれタコの幽霊だったんじゃないかって思ったの。でも幽霊だとしても夫婦二人して見ていたし、昼間だったし、あんなにハッキリと出るなんてねえ。

逃げたタコの幽霊の話は聞いたことはあったけれどね、実際に見たのはあれ一度だけ。地元の話でね、雨が降ると体を寄せ合って泣いてるタコの幽霊が出るよってのは聞いた。足にね重たい、四キロくらいある鉄の鎖や錘《おもり》をつけてるからタコの幽霊だってすぐ分かるって。でも、何もしないし雨が止んだら消えるからほっときなって言われてた。

タコは自分が死んだってことさえ知らないのかもね。だからあんなにハッキリ姿が見える状態で化けて出るのかも。逃亡してもさ、タコは内地から来た人が多いでしょう。土地勘もないし、結局野垂れ死ぬことが多かったみたいよ。

気候も植生も違うし、どこに行けば町かも分からない状態でね、満身創痍の状態なんだから。それに寝る時は、タコは足に鎖や錘をつけられてたし、扉に鍵がかかってたそうだから。

汽車の下

婆ちゃんは絶対、汽車に乗りませんでした。

こっちでは電車のことを今でも汽車って呼びます。

「おっかないのよもう。だからね、時間通りに着くからとか便利だよってどんなに言われても汽車には乗りたくない。線路の下からね、あの蚊攻めにあった男が這い出て来るような気がするからね。他にもさ、酷い目にあって死んだ人達が出て来そうで怖いんだもの」

毎度そう言って、本当に乗るのを嫌がりました。

祖母は子供だった頃汽車に乗った時に、全身の皮膚を虫刺されで赤くぼろぼろに爛《ただ》れさせた男が窓に張り付いているのを見たそうです。

その時は泣きながら、窓にお化けがいると言っても誰も取り合ってくれなかったのですが、後日目撃した場所の線路の下から遺体が出て来て騒ぎになりました。

それも一人の遺体でなく、複数の遺体だったそうです。

ご存じの方も多いと思いますが、北海道の鉄道工事は、タコ労働者が行った場所が多いです。おそらくその遺体もそういう人達のものだったのでしょう。

祖母は自分が見た遺体の皮膚が爛れていたことを再度親に伝えると、もしかしたら蚊責めで死んだり殺されたりしたタコがいたから、そういう人の亡霊を娘が見たのだろうと親は説明したそうです。

蚊責めは、逃亡したタコの見せしめに行われた拷問の一つです。

針金で耳や舌、足と耳に穴を開けて結び、古くなった酒を浴びせて裸で雑木林に放っておくと、無数の蚊が集《たか》り、痒くても掻くことが出来ず、発狂して死ぬ者もいたそうです。

そうでなくても放っておかれた者は、水も食べ物も与えられないので、虫に集られたまま亡くなる運命でした。

石島福男というタコ労働者だった人による手紙にも、カリカツ（狩勝峠）という場所あたりでは、路線の下にたくさんの死体が埋めてあると書かれています。

祖母は汽車に乗るたびに何故か、体がボロボロになった痩せたタコ労働者の亡霊を必ず見ました。それだけでなく、その亡霊に話しかけられることもあったそうです。

「ある男がね、足が潰れた仲間が熊に食われる様子を見るようにって言われてさ、しかも笑いながら見ろって強要されたんだよ。相手は双子の弟だったのに。ちゃんとした仕事でさ、金を貯めたら店を開こうって約束してこの土地に来たんだぞと睨みながら言ったのさ。だからね、汽車なんか乗れないの」

そんな風に語ってくれた婆ちゃんが死んでから今年で二十年になります。

今も道内の道や線路の下には、つらい思いをした人達の遺体がまだ眠っているかも知れません。

タコ人形

「北海道の道も鉄道もタコの血と汗によって作られた場所が殆どですよ……そういう土地なんです」

そう語ってくれたNさんからタコ労働者が作った人形に纏わる話を聞いた。

「タコが作った人形の話を知ってますかね？　タコ人形って呼ばれてることが多いんですが、そういう人形が幾つもあるんです。

厚岸《あっけし》にある奴が一番知られているかな？　昔、小説家がそのことについて書いたらしいから。

元々人形師だったタコがいたそうで、土で人形を拵《こしら》えたんです。

多分その人も騙されて連れて来られたんでしょうね。

そういう人ばかりでしたから、タコは。楽な仕事で衣食住保証付きって言って人を集めたそうですよ。嘘ばっかりですよね、本当に。

人形師のタコがどういう気持ちや経緯で、人形を作ったのかは分かりませんが、とても良い出来の人形だったそうです。

そして、その人形をHって寺に寄進したら、檀家の人たちから、『本堂の中でお人形が体を左右に揺らしながら出歩いていた』『参拝人の後を追ってついてきて気味が悪くてお参りにいけない』との苦情が寄せられたそうで、人形を納棺して荼毘に付したそうです。

一体どんな思いが人形に込められていたんでしょうね」

この話を聞いて私はH寺に電話をかけてみた。すると、実際にタコの作った人形を荼毘に付したというご住職が、丁寧に私の質問に答えてくれた。それはこんな内容だった。

「もう随分昔のことで、そういった人形があるということを覚えている方も少ないんじゃないでしょうか。タコ労働でね、家族と離れ離れになってしまい、故郷に残して来た子供さんを思って作られた人形だったと記憶しています。

とても大切にしていたんですが、古いものですから、髪の毛が抜けたり、顔に罅《ひび》が入ってしまったりと傷みが激しくって不気味だという声が寄せられたことと、檀家の方から人形が歩いたり動いていている姿を見かけたという声が寄せられたので、檀家総代とも相談の上、燃やして供養することに致しました」

他にも道内の幾つかの寺社仏閣に、もしかしたらと思い電話をしてみたところ、来歴は分からないが、タコに関する人形としてこんな話も聞いた。

ある冬の朝、線路の脇にガチガチに石のように凍ったタコの遺体が見つかった。

服は垢塗れで靴も履いておらず、一目でタコ部屋から脱走したと分かる姿のその男は、目を見開いて死んでいたそうだ。そんな凍ったタコの遺体だが、何故か胸に、硝子の目に綺麗な着物を着せた市松人形を抱いていた。

遺体を発見した人たちは、こんな立派な錦をまとった市松人形は見たことがなく、持っている人がいるという話すら聞いたことがなかったので、タコが何故こんな人形を抱いて亡くなっているのだろうと不思議がった。

近くにはその集落以外、人が住んでいる場所もなく、どこからか盗んで来た物とも思えない。もしかしたらこの市松人形が、このタコの身元を示す物かもしれないと誰かが言ったので、凍った指を一本、一本人形から剥がして人形を取り出し、近くの神社のお社にしばらくの間置いておくことにした。

神社とはいっても誰がいつ造ったのか分からない小さな鳥居と、大きめの鳥の巣箱のようなお社があるだけの場所だった。人形をそこに置いたのは、もしかしたら何か祟りがあったり、脱走したと思わしきタコの雇い主に難癖をつけられたりしたくないので、誰かの家に置くことをみんなが避けたからだそうだ。

遺体はそのままにすると悪臭を放つし、獣を寄せる可能性があるので直ぐに燃やした。

「人形を遺体と共に燃やそうと思わなかったのですか？」という私の質問に対して、この話をしてくれた方は、人形に人の手で作ったとは思えない凄みがあったから……と答えてくれた。

そして雪溶けの頃、陰で拷問狂と呼ばれていたタコ部屋の管理者である棒頭が町にやって来たのだが、例の人形が入っていた社の前で俄かに卒倒して死んだ。

集落の皆は、死んだタコが人形を使って復讐を遂げたに違いないと思ったそうだ。

そして、あの見事な市松人形はいつのまにか社から失せており、神社も道の拡張時に鳥居ごと壊されてしまい、今はどこにあったのかはっきりとした場所は分からないという。

参考文献

小池喜孝『常紋トンネル―北辺に斃れたタコ労働者の碑』1977年、朝日新聞社
小池喜孝『常紋トンネル』（朝日文庫）
馬部隆弘『椿井文書―日本最大級の偽文書』中央公論社
馬部隆弘『由緒・偽文書と地域社会 北河内を中心に』勉誠出版
「タコ労働を経験した石島福男さん（1897（明治30）年生）の手紙」

あとがき

俺的には「あとがき」でカッコイイこと書きたいし、おしゃれなこと言いたいのさ。……いや、今言ったことでさえ良い恰好しようとしているな。本書を手に取り、ここまで読んでくださった「あなた」に嘘はつきたくない。もっと素直にならないと……。

俺はあとがきでセンスがあるとか、天才って思われたい！

こんなことを思いながら現在あとがきを書いています。匠平です。

ここからカッコイイとか、センスがあるとか、天才だなーって思ってもらえるほどの切り札を出すことが出来れば一番熱い。まさに大逆転。でも、残念ながらそんな切り札を俺は持ち合わせていません。だから、センスとか天才とかは青蛙さんと木根君に任せます。

本書のために北海道の怪談を収集していく中で、改めて北海道の怪談の幅の広さを痛感した。最近流行りの言葉を使うなら「多様性」とでもいうのだろうか。

北海道の怪談とは？　って質問されても、俺は一言で返すことができない。でも、北海道だからこそ成立する怪談もあったりして……うん。もう、わからん。だけど、一つだけ自信を持って言えることがある。俺自身は天才でもなんでもないが、本書を書くために取材に協力してくれた皆さんは全員カッコよくて、センスがあって、紛れもなく俺が憧れる「天才」だった。

皆さんのおかげで北海道の怪談にたくさん触れることができたし、今回も無事に執筆を終えることができました。ありがとうございます。

そして、今本書を読んでくださっている「あなた」がいるから、俺は怪談を続けることができています。本当にありがとうございます。

またいつかお会いできるように努力を続けていきます。

しつこいようですが最後に、本書に関わってくださった方全員に、お礼を言わせてください。

本当に本当にありがとうございます。

匠平

あとがき

「北海道　ここが私の　故郷だ」


私が六歳のとき、北海道にいる俳句を趣味にしている祖父に贈った俳句である。

親の都合で岐阜に住むことになった私の抵抗であったようにも思う。

今読むととても稚拙だが、とても褒めてくれた。


収録した十五話は、熱心に怪談を聞かせてくれた体験者の姿と、懐かしい草木の香り、北海道の街、土地の気配を思い出しながら執筆した。少しでもこの感覚を共有してもらえたなら嬉しく思う。

執筆途中に鳥肌がたったり、不思議なことがあった話もある。書いた私自身が毎回泣きそうになる話もある。

怪談を俯瞰でみて「語り」「書く」怪談師として「失格」だ。

それでもたくさんの読者に読んでほしい。
そしてまた、祖父に褒めてもらいたい。
怪談師、怪談作家として北海道を再訪できるよう、怪談活動に励む。
ここが私の故郷だから。

木根緋郷

あとがき

北海道は行くたびに数キロ確実に太るので、大阪より食い倒れという称号が相応しいんじゃないかなと思っている田辺と申します。夫が北海道出身の小説家という縁もあって『北海道怪談』を過去に竹書房怪談文庫から出版しました。

その後、本の読者から続々と怖い話や不思議な話が集まり、再びもっと北海道に纏わる怪談を紹介したいと思っていたところに、共著の企画が届いたのですぐにＯＫの返事を行いました。そして、木根緋郷さんと匠平さんは昨年の夏、一緒に北海道の札幌から新得町《しんとくちょう》、旭川を巡る怪談ツアーがとても楽しかったことや、繰り出される怪談がどれもヘビィで強烈だったので、共著を執筆するならこの人達だと思い、声かけを編集さんにお願いしてしまいました。

今回は元自衛官のＪさんから多く話を提供していただいたので、前回とは違って自衛隊に纏わる話が多めになっています。

タコ労働に纏わる話は予想以上に過酷な内容が多く、今回載せた話以外にも多くあるので、そのうちまとめて書きたいと思っています。

色んな切り口で北海道に纏わる怪談をまだまだ紹介したいと思っているので、この本を読んで、そういえばあんな話を聞いた、こんな体験をしたという方がいましたらいつでも気軽に怪談を聞かせて下さい。今回も怪談を提供していただいた皆様と、本書を手にとっていただいた方々に心からお礼申し上げます。

田辺青蛙

★読者アンケートのお願い

本書のご感想をお寄せください。アンケートをお寄せいただきました方から抽選で５名様に図書カードを差し上げます。

（締切：2024 年 7 月 31 日まで）

応募フォームはこちら

北の怪談

2024 年 7 月 5 日　初版第一刷発行

著者……田辺青蛙、匠平、木根緋郷
カバーデザイン……橋元浩明（sowhat.inc）

発行所……株式会社　竹書房
〒 102-0075　東京都千代田区三番町 8-1　三番町東急ビル 6F
email: info@takeshobo.co.jp
https://www.takeshobo.co.jp
印刷・製本……中央精版印刷株式会社